한국의 공부벌레들

한국의 공부벌레들

와이즈멘토 지음

한국경제신문

【일러두기】

1 이 책은 전국성적 1% 내에 있는 고등학생 100명과 성적을 향상하고자 노력하는 중상위권 고등학생 100명에 대한 심층 인터뷰 및 비교 설문조사를 1년여 동안 입체적 · 체계적으로 정리한 기록이다.

2 심층 인터뷰 및 설문조사는 2004년 8월~2005년 7월에 걸쳐 실시되었다. 따라서 이 책에서 고등학교를 '졸업'한 학생으로 표현한 사례는 모두 2005년에 고등학교를 졸업한 학생들이다.

3 전국성적 1% 내에 있는 고등학생 100명 가운데 자신의 이름을 공개하는 데에 동의한 학생들은 실명으로, 동의하지 않은 학생들은 가명으로 게재했다. 중상위권 학생들의 실명과 소속학교는 공개하지 않았다.

4 이 책에서 표현하는 '공부벌레'는 전국성적 1% 내에 있는 고등학생 100명을 의미하며, 중상위권 고등학생 100명에 대해서는 '보통학생'이라 일괄 통칭했음을 밝혀둔다.

작은 공부습관 하나가 1등과 2등을 결정한다

"머리는 그다지 나쁘지 않은 것 같은데, 열심히 노력해도 성적이 잘 안 올라요."

"국어, 영어, 수학은 괜찮은데, 암기과목은 정말 싫어해요."

"좋고 싫음이 분명해서, 내가 좋아하는 과목에만 매달려요."

"수능시험은 자신 있는데, 수행평가 때문에 내신성적이 안 좋아요."

"아직 내 스타일에 맞는 선생님을 못 만났어요."

"계산에서 꼭 실수를 해요."

"학교가 어수선해서 자율학습보다는 집에서 공부하는 편이 낫습니다."

상담을 하다 보면 자신의 기대만큼 성적이 따라주지 않는다고 느끼는 학생들을 자주 만날 수 있다. 성적 부진에 대한 핑계들도 다양하다. 아울러 학부모들도 대체로 자신의 자녀가 별 문제 없이 공부하고 있는데, 1등 하는 비결을 잘 몰라서 성적이 안 나온다고 여긴다. "우리 아이가 머리는 좋은데…" 하면서 말이다. 그래서 학생이건 학부모이건, 공부의 '비법'을 찾아 학원을 떠돌고, 저마다 '족집게 문제풀이', '기적의 학습법' 등의 표현이 붙은 책들을 들춘다. 그리고 전국을 누비며 학습에 관한 강연도 들어보지만 뾰족한 해법을 찾지 못한다. 존재하지 않는 '비법'을 찾아 오늘도 많은 에너지를 엉뚱한 곳에 쏟아 붓고 있는 것이다.

우리는 이렇듯 엄청난 돈과 시간과 노력을 물거품으로 만드는 족집게 '비법' 찾기를 이제 그만 종식시키고 싶었다. 그래서 탄생한 것이 바로 이 책,《한국의 공부벌레들》이다.

예전에 《하버드 대학의 공부벌레들》이란 책과 이를 TV 드라마로 만든 외화가 우리 사회에서 선풍적인 인기를 모은 적이 있었다. 그래서 '벌레'라는 단어를 접하면 징그럽다는 이미지가 먼저 떠오르면서도, 막상 '공부벌레'라 하면 부럽기도 하고 멋있기도 한 긍정적인 학생들의 진지한 모습을 연상한다. 목표가 있고, 그 목표를 위해 열심히 노력하는 모습에서 '젊음', '꿈', '이상', '열정', '비전' 등을 창출해 내는 공부벌레들에게 이 사회는 아낌없는 갈채를 보내왔다. 그리고 이와 같은 공부벌레들이 세상을 변화시키고, 발전시켜 나가는 사회의 성장엔진 역할을 했음은 누구도 부인할 수 없다.

우리는 2004년 8월부터 2005년 7월에 이르기까지 약 1년여 기간에 걸쳐 특목고를 비롯한 전국 명문고등학교에서 전교 1등을 차지하고 있는 공부벌레 100명을 발굴해 냈다. 그리고 성적을 올리고자 열심히 노력하는 중상위권 학생 100명을 선정, 상호 비교 설문조사 및 심층 인터뷰를 실시했다. 이를 통해 나머지 99% 학생들에게도 남다른 꿈과 기회를 제공할 수 있는 바탕을 마련하고자 이 책을 집필했다.

그 동안은 우수한 성적을 바탕으로 명문대 입시에 성공한 인물들의 이야기를 집중 조명한 책들이 출판가에서 주류를 이루어왔다. 하지만 이는 한 개인에게 특화된 학습방법을 소개한 터라, 좀더 많은 학생들에게 적용하기에는 현실적으로 무리가 따른 것도 사실이다. 따라서 이 같은 책들에서 실망과 좌절을 느낀 학생들도 많았다.

이미 대학입시를 오래 전에 치른 사람들의 성공 스토리에서는 시간적 괴리감을 느꼈을 것이고, 외국인이 쓴 책에서는 대한민국의 특수한 교육환경에 대한 이해 부족 탓에 커다란 아쉬움을 지우지 못했을 것이다. 아울러 공교육을 사수하고자 하는 목적에서 출간된 서적은 무조건 학원을 멀리하라고만 주장하는 통에, 듣는 순간은 귀에 즐겁지만 이내 높은 현실의 벽 앞에서 고개를 갸우뚱했을 것이다.

《한국의 공부벌레들》은 현실과 다른 이상적인 교육학적 이론이나 선입견을 배제한다. 사실 위주의 생생한 현장감을 전달하고, 드러난 현상에 대한 전문가의 해석을 제공함으로써 성적향상을 바라는 학생과 학부모에게 실질적인 도움을 주고 있다.

이 같은 취지에서 실시한 대한민국 최상위 1% 성적 안에 드는 최우수 학생 100명과의 심층 인터뷰는 진정 그 의미가 매우 깊었다. 그들 중에는 우수한 학생들이 모인다는 특목고에서도 부동의 1등을 차지하고 있는 학생들, 강남지역 유명 고등학교의 1등 학생들, 각종 경시대회 수상자, CBT 토플(TOEFL) 297점(300점 만점) 학생 등 그야말로 대한민국의 쟁쟁한 실력자들이 포진하고 있다.

아울러 비교평가를 할 수 있는 집단을 설정했다. 즉 성적을 올리고자 열심히 노력하지만 아직 만족할 만한 성과를 얻지 못하고 있는 보통학생 100명을 심층 비교, 설문했다. 최상위권과 하위권을 단순

비교하는 작업은 너무 뻔한 결과만이 도출될 뿐이다. 따라서 중상위권의 '노력파' 학생과 최상위권 '공부벌레'들 사이의 미묘한 차이를 살펴봄으로써 열심히 노력하는 학생들에게 효과적인 도움을 주고자 만전을 기했다. 현재 이 같은 구성에 바탕한 학습서적은 《한국의 공부벌레들》을 제외하면, 전무하다.

이쯤에서 성급한 독자들은 "그래, 연구를 해보니 남다른 비법이 있었습니까? 결론부터 이야기해 주시죠"라고 묻고 싶을 것이다. 이번 조사를 제외하고도 평소 수백 명의 학생을 상담해 온 경험에서 공부의 비법은 다음과 같은 한 문장으로 자신 있게 요약할 수 있다.

"자신이 이루고자 하는 미래의 구체적인 목표를 위해, 자신에게 맞는 스타일과 전략에 바탕해 과목별로 시간을 효율적으로 계획한 다음 경제적으로 열심히 공부하는 것이다."

"에이, 겨우 그런 거예요?"라고 반문하는 사람에게는 이 책을 권하는 대신 "그 어디에도 적은 노력으로 드라마틱하게 성적을 올릴 수 있는 비법은 존재하지 않는다"라고 입에 쓴 충고를 해주고 싶다.

만일 나보다 조금 앞서 있는 학생들이 어떤 마음가짐과 행동을 보이며 공부하고 있는지를 살펴본 후, 나의 생활과 견주어 하나라도 좋은 쪽으로 고치고 싶다는 자세를 가진 학생과 성실한 학부모라면 이 책을 통해 많은 것을 느끼고 배울 수 있을 것이라고 확신한다.

2005년 8월

와이즈멘토 대표이사

조 진 표

CHAPTER 3 공부벌레들의 과목별 학습 노하우

CHAPTER 4 '공부벌레'에서 눈부신 '나비'로

CHAPTER 1

공부벌레,
보통학생과 어떻게 다른가

한·국·의·공·부·벌·레·들

01

나는 공부벌레인가, 보통학생인가

이 책을 읽는 독자들은 저마다 그 목적이 다를 것이다. 공부 잘 하는 친구들의 학습비결을 살펴보고자 하는 학생들이 서점 한켠에 자리잡고 앉아 이 책을 들여다볼 수도 있고, 내 아이를 전국성적 1% 우등생으로 만들고 싶어하는 학부모들이 이 책의 곳곳을 들추고 있을 수도 있다. 하지만 이 책을 본격적으로 읽기 전에 선행해야 할 중요한 일이 있다. 다름아닌, '공부 잘 하는 학생들의 특성'에 대해 얼마나 알고 있는지, 그들의 평소 생활 및 학습습관이 나와 얼마나 비슷한지를 먼저 점검해야 한다*.

---

* 이 책의 17~21쪽에 제시하고 있는 '체크리스트'를 통해 학부모는 자신의 현재 상황을 점검하고, 학생은 자기 자신을 돌아보는 기회를 갖도록 하자.

'공부 잘 하는 애들은 뭐가 달라도 달라!'

우리는 종종 이와 같은 감탄을 하곤 한다. 뛰어난 학습 능력을 발휘하는 학생들을 막상 만나면, 그들의 행동과 사고 하나하나가 모두 비범하게만 느껴진다. 일단 그들의 첫인상은 이른바 '좋은 머리' 로 집약된다. 그러면서도 요령 또한 매우 뛰어나, 한 시간을 공부해도 다른 사람들보다 훨씬 효과적이리라. 게다가 남다른 성실함까지 갖추고 있어 누구보다 잠을 적게 자면서 누구보다 많은 시간을 공부한다고 생각되는 사람들이 바로 '공부벌레' 들이다.

과연 정말 그럴까?

이 책의 집필을 위해 우리는 공부벌레 100명과 보통학생 100명을 대상으로 학습과 생활환경, 학습 마인드 등에 바탕한 131개 문항에 걸친 설문조사 및 인터뷰를 실시한 바 있다.

설문조사나 인터뷰란 것이 늘 그렇지만, 충분히 짐작할 수 있었던 결과들도 있었고 사뭇 예상과 다른 결과들도 도출되었다. 이 책을 읽는 여러분이 학부모라면, 뒤에서 나오는 체크리스트상의 문항들을 살펴보며 여러 가지 생각을 갖게 될 것이다.

'흠… 이건 당연한 것 같은데? 아니란 말인가?' '이게 정답이 아니라면 정말 말도 안 되지!' 라고 생각되는 문항도 있을지 모른다. 앞으로 소개할 문항들에 대한 설문결과들을 놓고도 이와 비슷한 생각을 할지 모른다. 하지만 그렇게 생각하는 자체가 이미 편견에 사로잡혀 있는 것은 아닐까?

물론, 이 책에서 제시되는 결과들은 '평균치' 라 할 수 있다. 그다지 눈에 띄지 않는, 평범한 학습습관을 가진 공부벌레들도 있을 것이고, 공부벌레보다 훨씬 공부벌레다운 생활 및 학습습관을 가진 보통학생들도 있을 것이다.

실제로 뒤에서 소개할 자기진단 학습 설문에서 60점 만점을 받을 만한 공부벌레는 거의 없다. 하지만 이는 공부벌레들과 보통학생들의 답변 가운데 그 결과에서 차이가 나는 문항들만 모은 것이기 때문에, 공부벌레들은 대부분 50점 이상의 높은 점수를 얻는다.

이 책에서 설명하고 있는 보통학생들 또한 평균 중위권 이상의 성적을 올리고 있는 학생들로 판단된다. 설문지의 맨 마지막 질문이 자신의 성적을 평가하는 문항이었고, 보통학생들의 평균은 '하'가 아닌 '중~중상'이었다. 물론 이 평가는 '자기진단'을 통해 이루어진 것이다. 따라서 공부를 잘 못하는 학생들이 그저 자신의 실력을 '중간' 정도라고 평가했을지도 모른다. 하지만 그것은 공부를 꽤 잘 하는 학생의 경우에도 마찬가지일 터다.

이 책에서 소개하고 있는 보통학생들이 평균 중위권 이상의 성적을 얻고 있는 학생들이라는 또 다른 잣대가 있다. 바로 '학급 임원을 맡은 적이 있는지?'에 대한 답변들을 제시할 수 있다. 흔히 공부를 어느 정도 잘 하는 학생들이 맡게 마련인 학급 임원에 대한 보통학생들의 평균 경험 횟수는 2.4회였다(공부벌레는 3.8회).

이 책에서 '공부벌레'라고 불리는 학생들 또한 단순히 '공부를 좀 하는' 학생들이 아니라, 이른바 명문대에 충분히 진학하고도 남음이 있는 최고 수준의 학생들이다. 학습법에 관한 책을 쓰는 입장에서, 시중에 출간되어 있는 여느 책들처럼 '공부 못하는 학생'과 '공부 잘 하는 학생'을 절대 비교하는 것이 결과에 있어서도 뚜렷하게 차이가 나고, 독자들에게 소개하기에도 한결 쉬웠을지 모른다.

하지만 이 같은 작업은 그다지 의미가 없다. 적어도 이 책을 읽는 독자들은 좀더 공부를 잘 하고자 바라는 학생들 또는 학부모들일 것이기 때문이다.

따라서 지극히 당연한 결과만을 보여주는 데 그치는 작업에는 귀기울일 필요가 없다.

'참나? 누가 이걸 모른담!'

이처럼 허탈한 느낌만 주는 책들은 이제 그만 덮기 바란다.

다시 한번 강조하지만 이 책에서 소개하는 공부벌레들은 정말 뛰어난, 공부를 진정 잘 하는 학생들이며, 보통학생들은 성적을 올리고자 늘 분주하게 뛰어다니는, 이른바 '노력파' 학생들이다.

공부벌레에 대해 어떻게 생각하세요?

번호	비교 문항	그렇다	아니다
1	공부벌레가 더 늦게까지 공부한다·		
2	공부벌레가 보통학생보다 잠을 적게 자고 공부한다		
3	보통학생이 더 많이 음악을 들으며 공부한다		
4	공부벌레나 보통학생이나 혼자 공부하는 시간은 같다		
5	등하교 시간에 공부하는 공부벌레가 보통학생들보다 많을 것이다		
6	보통학생이 학원을 더 많이 다닌다		
7	공부벌레가 과외를 더 많이 한다		
8	똑같은 수의 공부벌레와 보통학생이 인터넷 강의를 듣는다		
9	똑같은 수의 공부벌레와 보통학생이 TV 교육방송을 본다		
10	보통학생보다 더 많은 공부벌레가 시험 전에 목표를 세운다		
11	공부벌레가 시험 후 물질적인 보상을 더 많이 받는다		
12	보통학생보다는 공부벌레가 시험 후 스스로에게 상벌을 준다		
13	공부벌레는 수업시간에 집중력이 더 뛰어나다		
14	공부벌레가 학교 선생님과 더 친하게 지낸다		
15	보통학생이 자신의 미래에 대해 더 자주 생각한다		
16	공부벌레가 자신의 목표에 대해 더 자주 생각한다		
17	공부벌레가 용돈을 더 많이 받는다		
18	공부벌레나 보통학생이나 부모님이 칭찬하는 횟수는 같다		
19	공부벌레나 보통학생이나 부모님이 꾸중하는 횟수는 같다		
20	공부벌레나 보통학생이나 부모님의 잔소리 횟수는 같다		
21	(공부에 있어서) 부모님이 도움이 되는 정도는 같다		
22	(정신적으로) 공부벌레의 부모님이 더 도움을 준다		
23	TV를 보는 시간은 같다		
24	보통학생들이 친구들과 더 자주 어울린다		
25	공부벌레들의 독서량(교과서 제외)이 더 많다		
26	보통학생이 만화책을 더 많이 본다		

'아니다' 라고 대답한 갯수가 몇 개인가요?

22개 이상	학생들의 학습방법에 대해서 전문가 수준으로 알고 있음
16~21개	학습방법에 대해서 비교적 많이 알고 있으나 여전히 시행착오를 겪고 있음
9~15개	효과적인 학습방법보다는 주위 의견에 쉽게 좌우될 수 있는 상태
8개 이하	전반적으로 효율적인 학습방법에 대해 잘 모르고 있는 상태. 많은 관심이 필요함

1. 수업시간 외에 어디서 주로 공부하는가?

① 학교(자율학습)	② 집	☐ 기타
③ (유료) 독서실	④ 공공 도서관	

2. 좋아하는 공부자세는?

① 책상 앞에 앉아서	② 바닥에 책상을 펴고 앉아서	☐ 기타
③ 눕거나 엎드려서	④ 서서	

3. 학교수업, 과외/학원 수업 이외 혼자 하루 몇 시간 공부하는가?

① 4시간 이상	② 3~4시간	☐ 기타
③ 2~3시간	④ 2시간 미만	

4. 모르는 문제는 어떻게 해결하는가?

① 풀릴 때까지 공부하는 편이다	② 몇 번 풀어보다 안 되면 해답을 본다	☐ 기타
③ 바로 해답을 보는 편이다	④ 아는 사람에게 물어본다	

5. 국어학습과 관련해서 문학작품을 많이 읽는 편인가?

① 많이 읽는다	② 조금 읽는다	☐ 기타
③ 거의 안 읽는다	④ 전혀 보지 않는다	

6. 학교 수준보다 대략 얼마나 앞서 선행학습을 하는가? (영어)

① 1년~1.5년 이상	② 7개월~1년	☐ 기타
③ 3~6개월	④ 1~2개월	

7. 영어 단어장은 어떻게 만드는가?

① 스스로 만든다	② 출판된 것을 사용한다	☐ 기타
③ 문제집이나 책에 적는다	④ 만들지 않는다	

8. 영어 단어 암기는 어떤 방법으로 하는가?

① 연습장에 반복적으로 적으며	② 속으로 계속 읽으며	☐ 기타
③ 입으로 계속 발음하며	④ 단어에 밑줄 치거나 둥글게 그리며	

9. 영어 잡지나 소설을 읽는가?

① 영어 소설을 읽는다	② 영어 잡지와 소설을 모두 읽는다	☐ 기타
③ 영어 잡지를 본다	④ 읽지 않는다	

10. 학교 수준보다 대략 얼마나 앞서 선행학습을 하는가? (수학)

① 1~1.5년 이상	② 7개월~1년	☐ 기타
③ 3~6개월	④ 1~2개월	

11. 시험공부 스타일은?

① 지겹더라도 한 과목을 끝내고 다른 과목을 공부한다	
② 지겨울 때마다 과목을 바꾼다	☐ 기타
③ 시간을 정해서 과목을 바꾼다	

12. 쉬는 시간에는 무엇을 하는가?

① 휴식	② 자투리 공부	☐ 기타
③ 수면	④ 운동	

13. 보충수업 참여도는?

① 빠지지 않고 참석한다	
② 가끔 빠진다	
③ 학교에 보충수업이 있지만 하지 않는다	☐ 기타
④ 학교에 보충수업이 없다	

14. 싫어하는 과목은 어떻게 학습하나?

① 다른 과목과 똑같이 한다	② 혼자서 보충한다	□ 기타
③ 학원, 과외 수업으로 보충한다	④ 하지 않는다	

15. 학교 자율학습이 얼마나 중요하다고 생각하는가?

① 아주 중요하다	② 조금 중요하다	□ 기타
③ 모르겠다	④ 중요하지 않다	

16. (학원을 다닌다면) 학원수강 여부는 누가 결정했나?

① 스스로	② 부모님	□ 기타
③ 부모님과 나	④ 다니지 않는다	

17. (과외를 한다면) 과외 여부는 누가 결정했나?

① 스스로	② 부모님	□ 기타
③ 부모님과 나	④ 하지 않는다	

18. 공부를 하는 목적은 무엇인가?

① 본인의 행복	② 명문대 진학과 좋은 직업	□ 기타
③ 배우는 즐거움	④ 부모의 행복	

19. TV를 시청하면 뉴스를 자주 보는가?

① 자주 본다	② 가끔 본다	□ 기타
③ 뉴스는 보지 않는다	④ TV를 아예 보지 않는다	

20. 주로 무슨 종류의 책을 읽는가?

① 소설	② 경제서적	□ 기타
③ 에세이	④ 아무거나	

	1	2	3	4	5	6	7	8	9	10	11	12	13	14	15	16	17	18	19	20
답																				
점수																				

*1번 : 3점, 2번 : 2점, 3번 : 1점, 4번 : 0점, 기타 : 1점

50점 이상	공부벌레와 같은 수준의 학습습관을 갖고 있다
41–50점	학습습관 면에서 공부벌레가 될 가능성이 충분하다
31–40점	공부벌레와는 조금 차이가 있는 학습습관을 갖고 있다
30점 이하	공부벌레와는 크게 다른 학습습관을 갖고 있다

02

공부벌레에 관한 몇 가지 진실과 오해

공부벌레는 밤샘 공부를 많이 한다?

대입 수학능력시험제도가 시행되기 전에는 이른바 '학력고사' 세대였다. 그 당시에는 '4당 5락'이라는 말이 유행했었는데, 즉 '4시간을 자면 대학에 붙고 5시간을 자면 떨어진다'는 의미였다. 이는 수험생들 사이에서 많은 논란을 불러왔다.

충분한 수면을 취해야 두뇌를 포함한 신체의 각 기관들이 제 기능을 올바르게 수행할 수 있다는 주장이 설득력 있게 제시되었지만, 인생을 좌우할 만한 큰 시험을 눈앞에 둔 수험생들은 이에 대해 고개를 흔들었던 것이다.

절대평가가 아닌 경쟁에 바탕한 상대평가로 이루어진 시험을 성공적으로 치르기 위해서는 남들보다 덜 자고, 더 많이 공부할 수밖에 없지 않겠느냐는 생각이 불안한 수험생들의 심리와 딱 맞아떨어지면서 '4당 5락'이라는 말이 어쩔 수 없이 커다란 공감을 불러일으켰던 것이다. 따라서 "잠은 8시간가량 충분히 자면서 공부했다"는 명문대학 수석 입학생들의 인터뷰는 그 누구도 믿지 않았다.

대학입시나 진로 상담을 하다 보면 '4당 5락'까지는 아니더라도, 오늘날 수능 세대들 또한 충분한 수면에 대해 부정적이고 불안한 심리를 갖고 있음을 쉽게 발견할 수 있었다. 따라서 우리는 공부벌레들의 평균 수면시간을 구체적으로 조사함으로써 보통학생들과 어떤 차이점을 갖고 있는지 살펴보고자 노력했다.

다양한 각도에서 수행된 이 조사 결과에 따르면, 공부벌레나 보통학생이나 평소 취침시간 및 평균 수면시간에 있어 큰 차이를 나타내지 않고 있음을 알 수 있다. 많은 학생들이 하루 평균 5시간 이상의 수면을 취하고 있고, 공부벌레와 보통학생 간에 수면량과 취침시간 대에서는 큰 차이가 없었기에, 우리는 공부벌레들에게 추가 인터뷰를 실시했다. 그들의 대답은 저마다 달랐지만, 그 뜻은 한결같았다.

"충분히 잠을 자지 않으면 공부를 제대로 할 수가 없죠. 여기서 말하는 충분한 잠이란, 사람마다 그 기준이 당연히 다르지 않을까요? 저는 평균 6시간가량 자는데, 어떤 친구는 4시간도 자고, 어떤 친구는 8시간도 잡니다. 수험생에게는, 수면량보다는 피로를 충분히 풀었는지, 넉넉한 휴식이 되었는지의 여부가 가장 중요한 문제라고 할 수 있죠."

수면량에서는 큰 차이를 보이지 않았지만, 수면을 받아들이는 자세와 방식 면에서는 뚜렷한 차이가 있었다. 즉 공부벌레들은 '수면'을 가장 중요한 휴식으로 간주하고 있었다. 따라서 잠을 잘 때도 집중해서, 최선을 다해서 잔다. 숙면을 방해하는 요소들은 과감하게 포기하거나 제거한다. 커피나 탄산음료 등 정신을 각성시키는 마실거리들은 가급적 멀리하고, 숙면을 부르는 야채와 과일 섭취를 의도적으로 늘리는 학생들이 많았다.

물론 이처럼 공부벌레들이 숙면습관을 형성할 수 있었던 데에는 온 가족의 협조와 배려가 중요한 역할을 했다. 그 대표적인 사례를 하나 들어보자.

설문조사 및 인터뷰 과정에서 흥미롭다면 흥미로운 사실 하나를 발견할 수 있었는데, 규칙적인 생활을 습관화하고 있는 가정일수록 자녀들이 공부벌레일 확률이 높다는 것이다. 즉 공부벌레 가정의 취침시간과 기상시간은 가족 구성원 모두 엇비슷한 양상을 보였다. 아침식사 시간이 일정하게 정해져 있었으며, 마치 군대에서 취침점호를 준비하듯 잠자리에 들기 30분 전까지 모든 볼일을 마치고, 취침 후에는 될 수 있는 한 개인적인 행동을 자제하는 가정도 있었다. 규칙적인 생활습관이 피로 해소와 완전한 휴식을 보장하는 척도임을 다시 한번 일깨워주는 좋은 예라고 할 수 있겠다.

한창 성장할 나이에 평균 5~6시간의 수면은 늘 부족할 수밖에 없을 것이다. 하지만 한창 나이인 만큼 피로의 회복속도 또한 빠르게 마련이다. 따라서 수면시간의 길고 짧음보다는 수면 자체의 질적 향상을 도모하는 것이 공부에 효과적인 영향을 미칠 것이다.

결론적으로 말하면, 한국의 공부벌레들은 '체력이 허락하는 한도 내에서, 공부 집중에 결코 방해가 되지 않는 범위 내에서 가장 적은

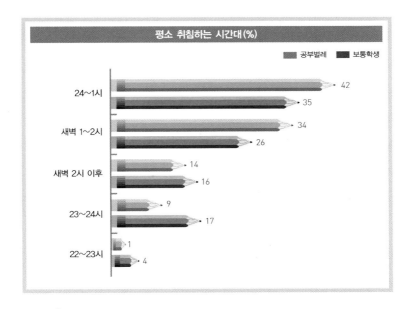

시간을, 가장 효과적으로 잔다' 고 할 수 있다.

학력고사 세대나 수능 세대나, 8시간가량의 충분한 수면시간을 갖는 것은 참 어려운 일인 듯하다. 하지만 이제 '4당 5락' 은 '4락 5당' 으로 그 의미가 변화해야 할 것이다. 즉 '억지로 공부하느라 4시간밖에 못 자서 다음날 학습에 지장을 주면 대학에 떨어지고, 5시간 이상 푹 자면서 심신의 피로를 풀고 난 후 공부에 집중하면 붙는다' 라고 말이다.

어쨌든 공부벌레들 가운데 4시간 이하의 수면을 취하는 학생이 전체 대비 4%에 지나지 않는다는 결과는 각별하게 주목할 만하다. 따라서 공부를 잘 하려면 수면시간을 단축해야 한다는 강박관념에서 하루빨리 벗어나기 바란다.

공부벌레와 보통학생 간에 수면량에서 그다지 큰 차이가 없다는

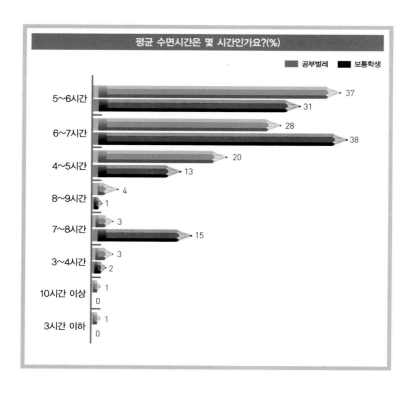

평균 수면시간은 몇 시간인가요?(%)

공부벌레 보통학생

	공부벌레	보통학생
5~6시간	37	31
6~7시간	28	38
4~5시간	20	13
8~9시간	4	1
7~8시간	3	15
3~4시간	3	2
10시간 이상	1	0
3시간 이하	1	0

결과에 대해 어떤 독자는 다음과 같은 의문 때문에 고개를 갸웃거릴 지도 모른다.

'흠… 그렇다면, 보통학생들이 공부벌레들보다 낮잠을 더 자는 것 아닌가….'

하지만 이 또한 세상 사람들의 편견에 불과하다는 사실이 조사를 통해 입증되었다.

낮잠을 전혀 자지 않는다고 답변한 공부벌레들(29%)과 보통학생들(42%) 사이에는 13%의 차이가 나타났다. 하지만 평균 낮잠시간(량)에 관한 조사에서는 거의 차이가 없었다.

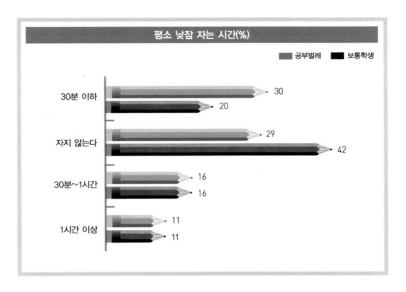

따라서 공부 비결에 '잠 줄이기' 항목을 포함해서는 안 된다. 남들보다 어떻게 하면 덜 잘 것인가를 고민하지 말고, 남들보다 어떻게 하면 더 효과적으로 잘 수 있을까를 생각하는 학생이 공부벌레가될 가능성이 훨씬 높다. 바로 이 점을 잊지 말아야 할 것이다.

공부벌레는 '효율적 시간관리'의 달인이다

수면량에서 별 차이가 없었다면, 공부벌레와 보통학생의 차이는 무엇일까? 그 해답은 뜻밖에도 간단하다. 즉 질적인 면은 제쳐두고, 일단 공부벌레가 보통학생보다 깨어 있는 시간 동안 절대적인 공부량이 더 많다는 사실이다. 학교 수업을 제외하고, 공부벌레는 하루 평균 4시간 20분을 홀로 학습하는 반면, 보통학생은 평균 2시간 40

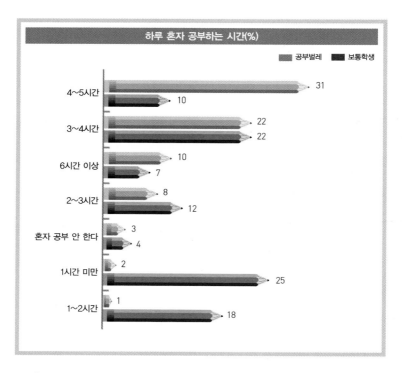

하루 혼자 공부하는 시간(%)

공부벌레 ■ 보통학생

구간	공부벌레	보통학생
4~5시간	31	10
3~4시간	22	22
6시간 이상	10	7
2~3시간	8	12
혼자 공부 안 한다	3	4
1시간 미만	2	25
1~2시간	1	18

분에 그쳤다. 이는 매우 중요한 사실을 시사해 준다. 즉 공부를 잘 하기 위해서는 잠자는 시간을 줄일 것이 아니라, 깨어 있는 시간을 충실하고 빈틈없이 학습으로 채워야 할 것이다.

또한 공부벌레들은 보통학생들보다 생활의 동선(動線)이 매우 단순했다. 집과 학교, 그리고 학원 등 움직이는 반경이 짧고 간단했다. 그리고 한 번 정한 독서실이나 학원 등은 어지간해서는 바꾸지 않았다. 이는 공부벌레들의 '효율적 시간관리'를 잘 보여주는 대목이다. 그리고 그 집중력이란 바로 '단순함'에 바탕하고 있다. 일상생활이 늘 분주한 마당발들은 그만큼 생각이 많고 움직임이 산만하다. 집중하기 위해서는 무엇보다 생각과 주변을 단순화할 필요가 있다. 이는 매우 간단하지만 깊은 깨달음을 제시해 주는 진리다.

공부벌레는 야간자율학습을 효과적으로 활용한다

그렇다면 공부벌레들이 꼽은 공부가 가장 잘 되는 장소는 어디일까? 공부벌레들은 단연 '학교'라고 응답했다. 그리고 집, 독서실이 그 뒤를 이었다. 공부벌레들은 학교에서 실시하는 야간자율학습을 선호했다. 어디까지나 글자 그대로 자율학습인 만큼, 학습 분위기가 형성되어 있고, 공부하는 친구들을 보면 경쟁심이 든다는 이유를 들었다. 무엇보다 공부하는 장소를 집이나 독서실로 변경하지 않음으로써 학습의 '흐름'을 이어가는 데 유리하다는 답변을 한 학생들도 많았다.

반면에 보통학생들은 주로 '집'에서 공부하는 것으로 나타났다. 그리고 독서실, 학교가 그 뒤를 이었다. 하지만 '집에서 공부가 잘 되는가?'라는 질문에는 70%가량의 학생들이 회의적인 반응을 보였다. 공부는 집에서 주로 하지만, 정작 공부는 잘 안 된다는 것이다. 물론 이 같은 차이들이 성적의 차이로 직결됨은 확실하다. 보통학생들이 공부 장소로서 '집'을 선호한 이유로는 무엇보다 '학교에서 빨리 벗어나고픈 마음' 때문이었다. 즉 학교 수업만으로도 넌덜머리가 난다는 반응이었다.

스스로 공부하는 습관을 가진 자율적인 학생들은 좀처럼 공부 장소를 변경하지 않는 반면, 그렇지 못하고 타율적 학습에 길들여진 학생들은 자주 자신의 동선을 바꾸곤 한다는 사실을 우리는 설문조사를 통해 알 수 있었다. 기회만 되면 학교를 벗어나고 싶어하고, 이곳저곳 학원이나 독서실을 전전하는 학생들에게서 효과적인 성적향상을 기대할 수 없는 것은 어쩌면 자연스러운 이치일지도 모른다.

앞에서도 말한 바 있지만, 우리가 조사한 '보통학생'은 이른바 '노력파' 학생들이지, 결코 열등생이 아니다. 노력은 하지만, 성적이 생각만큼 오르지 않는 학생들에게는 이처럼 바람직하지 않은 작은 공부습관들이 차곡차곡 쟁여져 있음에 각별히 주목해야 할 것이다.

공부벌레는 자율형 학생이다

결론적으로 살펴보자.

공부벌레들은 잠을 줄여가면서까지 공부하지는 않는다. 단지 일상생활에서 주어진 시간을 효율적으로 학습에 활용한다. 이 효율성의 바탕에는 생활을 단순화하는 좋은 습관이 깔려 있다. 최대한 자신의 생활과 움직임의 반경을 단순화시킴으로써 보통학생보다 더 많은 시간을 공부에 집중할 수 있었던 것이다.

그리고 이 같은 집중력이 바로 스스로 공부하는 '자율형' 학생으로 만드는 원동력이 되었다. 공부벌레는 보통학생보다 하루 평균 1시간 40분 더 공부하는 것으로 나타났지만, 그 학습 진도량에는 큰 차이가 없었다. 이는 무슨 의미일까?

자율형 학생인 공부벌레는 스스로 원리를 연구하고 이치를 파악하는 공부습관을 갖고 있었지만 보통학생들은 해답과 요점 위주의 공부에 몰두하는 성향을 보였다. 따라서 학습 진도는 비슷하더라도, 공부벌레들은 배운 내용을 완전히 자신의 것으로 만들기 위해 보통학생보다 하루 평균 1시간 40분의 시간을 더 투자한다는 의미다. 이는 정녕 수험생과 학부모들에게 시사하는 바가 매우 크다고 하지 않을 수 없다.

공부벌레들은 언제부터 공부를 잘 하게 되었을까?

"우리 애는 머리는 좋은데, 성적이 생각보다 좋지 않아요. 하지만 고등학교 3학년이 되면 성적이 많이 오를 거예요"라고 말하는 학부모가 종종 있다. 자녀에 대한 기대의 끈을 쉽게 놓지 못하는 부모의 생각대로라면 모든 학생이 좋은 성적을 올렸을 것이다. 그러나 현실은 기대와 달리 냉정하다. 물론 성적이 우수한 공부벌레들도 처음부터 공부를 잘 한 것은 아니다. 그렇다면 그들은 언제부터 공부를 잘 하게 됐을까? 성적이 비약적으로 오른 학생은 얼마나 될까?

공부벌레들은 대부분 "성적이 들쭉날쭉 한 적은 있어도 특별히 공부를 못한 적은 없었다"라고 말한다. 아이들의 성적이 가장 많이 오르는 시기를 살펴보면 고등학교를 준비하는 중학교 3학년 때로 나타난다. 이 같은 결과만 봐도 고등학교 진학 후 성적이 갑자기 오른다는 얘기가 일반적인 모습이라고는 볼 수 없다. 물론 예외가 없는 것은 아니다. 중학교 시절 반에서 20등 정도에 머물렀지만 지금은 공부벌레가 된 학생도 있고, 고등학교 2학년 때 전교 석차가 200등이나 오른 학생도 찾아볼 수 있다.

이처럼 성적이 극적으로 향상된 학생들의 면면을 조사해 보면 공통적으로 어떤 '계기'가 있었음을 알 수 있다. 대표적으로 '성취감'이나 '동기화'를 꼽을 수 있다. 그 밖에도 성적이 오르게 된 이유로는 '자기 자신에 대한 실망감'과 '자존심' 때문인 것으로 나타났다. 친구보다 뒤져 있는 자신의 성적을 보면서, 또는 부모님께 실망감을 안겨드린 자신에게 화가 난 이유가 공부를 하도록 부추긴 원동력이 되었다. 또는 학습량을 현저히 늘리거나 야간자율학습을 통해서, 그리고 담임선생님이 강압적으로 공부를 시켜 성적이 오르게 되었다고 대답한 공부벌레도 있었다.

그러나 냉정해지자. '우리 아이도 어떤 계기를 통해 마음을 다잡고 열심히 공부하겠지'라는 막연한 기대를 갖고 있다면 버리는 것이 좋다. 아이들의 성적이 향상되는 시기는 2차로 나눌 수 있다. 우선 초등학교 때 학습습관이 형성된 후, 중학교 2~3학년 때가 1

차시기다. 바로 이 시기에 공부에 대한 자신감, 자신의 실력에 대한 자각이 형성된다. 2차시기는 고등학교 시절에 이루어진다. 하지만 성적향상에 더 중요한 영향을 미치는 것은 따로 있다. 얼마나 효율적으로 공부하는지 여부에 따라 성적이 가파른 상승곡선을 그릴 수 있는 것이다. 바로 이 점을 명심하자.

언제부터 공부를 잘 했나요? 가장 공부를 못했을 때의 성적은 어떤가요? 만약 성적이 안 좋았다면 어떤 방법을 통해 성적을 올릴 수 있었나요?

- 중학교 1학년 때 전교 40등이었다. 부모님이 크게 내색은 안 하셨지만 나에게 실망했던 것 같다. 나 역시 마찬가지다. 이 일이 계기가 되어 열심히 공부해야겠다고 결심했다.
- 중학교 때 전교 80등 정도였다. 그러나 고등학교에 진학해 야간자율학습을 하며 공부의 양을 늘린 것이 성적이 오를 수 있었던 이유라고 생각한다.
- 중학교 2학년 때 성적이 많이 올랐다. 담임선생님께서는 매몰차게 공부를 시켰고, 동기 부여를 해주셨다. 그 결과 공부에 대한 필요성을 절감하게 되었다.
- 중학교 때 전교 50등 정도였다. 고등학교 1학년 말 무렵 '공부에 너무 집착하지 말고 편한 마음으로 공부해야겠다'는 생각을 갖게 되었다. 그러고 난 후, 학교 수업을 열심히 들었다. 처음 성적을 올릴 때는 교과서 공부가 가장 중요하다.
- 전교 100등까지 떨어져보기도 했다. 그러다가 중학교 2학년 때 공부를 무척 잘 하는 친구를 보고 자극받아 열심히 공부하기 시작했다. 그 결과 성적이 많이 올랐고 '나도 하면 된다'는 자신감을 얻었다.
- 고등학교(특목고) 1학년 때 전교 24등을 했다. 그러나 나는 등수에 크게 신경 쓰지 않는다. 누구나 1등을 할 수 있고, 누구나 꼴찌도 할 수 있다.

---

* 전국성적 상위 1% 내에 있는 고등학생 100명과 중상위권 성적의 고등학생 100명을 대상으로 한 심층 인터뷰. 공부벌레들의 학습 노하우, 장래목표, 진로 고민, 그리고 후배들을 위한 여러 가지 조언을 정리했다.

03

공부벌레의 주요 과목별 학습

'국어, 영어, 수학.'

이들 과목 앞에는 늘 '주요 과목'이라는 수식어가 따라 붙는다. 따라서 학생들에게는 가장 신경 써야 할 과목들인 동시에 가장 어려워하는 과목들이기도 하다. 우리는 이들 세 과목에서 공부벌레와 보통학생 사이에 어떤 차이가 있는지에 대해 주목해 보았다.

각 과목별 특성에 따라 약간의 차이가 있었지만, 우리가 제시한 질문은 대체로 다음과 같았다.

첫째, 학교 진도보다 얼마나 앞서 선행학습을 하는가?
둘째, 선행학습을 한다면, 어떻게 하는가?
셋째, 가장 중요한 학습교재는 무엇이라고 생각하는가?
넷째, 각별히 좋아하는 문제집 또는 자습서가 있는가?

국어

국어는 과목 특성상 공부벌레와 보통학생 간 선행학습 정도의 차이가 크지 않았다(어려서부터 문학작품을 많이 읽었다거나 논술 학원을 다녔다는 것 등은 선행학습이라 하기 힘든 탓이다). 따라서 선행학습을 하지 않는다는 대답도 영어와 수학에 비해 훨씬 많았다.

선행학습을 한다고 응답한 학생들은 대체로 그 방법으로 '학원 수강'을 꼽았다. 공부벌레나 보통학생들이나 공히 학원에서 국어과목을 수강하거나 혼자서 예습을 하는 수준에 그쳤다. 그러나 국어학습에 있어 가장 중요한 학습교재에 대한 질문에서 공부벌레는 '교과서'와 '문제집'을 동일한 비중으로 중시한 반면, 보통학생들은 70% 이상이 '교과서'를 꼽는 데 주저함이 없었다. 이는 공부벌레들이 평소 교과서 외의 지문에도 착실하게 대비하고 있음을 반증한다. 즉 국어 공부방법 면에서는 공부벌레와 보통학생 사이에 차이가 없었지만, 공부의 범위에 있어서는 뚜렷한 차이를 보여주고 있다고 하겠다.

공부벌레들은 국어학습에 있어 우선 '깊이'보다는 '폭넓음'을 선택하고 있었다. 처음부터 어떤 한 분야를 깊이 있게 학습하기보다는, 다양한 분야의 다양한 글을 접함으로써 다양한 유형의 문제에 대비하는 자세를 게을리하지 않고 있었다.

인터넷 학습 포털사이트에서 제공하는 도서요약 서비스 시스템을 적절하게 활용할 줄 알았고, 특히 문학작품에 대한 독서량이 보통학생들보다 훨씬 많았다. 그리고 신문을 꼼꼼하게 읽고 유용한 정보를 스크랩하는 공부벌레들도 적지 않았다. 따라서 이를 종합해

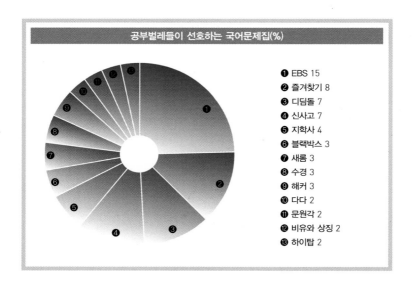

공부벌레들이 선호하는 국어문제집(%)

❶ EBS 15
❷ 즐겨찾기 8
❸ 디딤돌 7
❹ 신사고 7
❺ 지학사 4
❻ 블랙박스 3
❼ 새롬 3
❽ 수경 3
❾ 해커 3
❿ 다다 2
⓫ 문원각 2
⓬ 비유와 상징 2
⓭ 하이탑 2

보면, 일차적으로 문학작품과 시사적인 글들을 통해 지식을 '넓히고' 이차적으로 문제집을 풀며 다양한 지식을 종합적인 사고를 통해 '심화하는' 공부방법을 선택하고 있음을 알 수 있다.

영어

국어과목과 마찬가지로 영어 또한 선행학습의 정도를 논하기가 매우 어려운 과목이다. 하지만 일정 수준, 학년에 따른 학교 학습 수준과 자신이 공부하는 수준을 비교해 보는 것이 국어과목보다는 수월하다. 따라서 그 결과에 있어서도 국어보다 뚜렷한 차이가 난다.

대체로 공부벌레들은 학교 진도보다 1년이 조금 넘게 선행학습을 하고 있는 것으로 나타났다. 이는 보통학생들의 평균보다 한 학기 정도 차이가 나는 결과였다. 공부벌레는 보통학생보다 영어를 접하는 시기 또한 빨랐으며, 그만큼 학습 수준에 있어 일정한 격차를 나타냈다. 이 같은 결과는 영어의 조기교육이 공부벌레에 있어서는 착실하게 정착되고 있음을 보여준다.

주요 학습교재를 묻는 질문에서도 공부벌레는 단연 '문제집'을 꼽았다. 보통학생은 국어와 마찬가지로 일관되게 '교과서'를 가장 중요한 학습교재로 삼고 있었다. 이 같은 결과를 놓고 볼 때, '공부벌레들은 교과서 학습을 소홀히 하는가?' 라는 의문이 제기될 수도 있겠다. 하지만 공부벌레들은 대부분 교과서 학습에 충실했다. 그들은 교과서 학습 외에도 기본적으로 공부량이 많기 때문에 문제집을 통해 심화학습을 할 수 있었던 것이다.

또한 우리는 영어공부의 핵심이라고 할 수 있는 단어 공부에 대해 물었다. '단어장'에 관한 질문에서 보통학생들보다 훨씬 많은 수의 공부벌레들이 "스스로 단어장을 만든다"고 응답했다. 보통학생들은 대체로 "출판된 단어장을 활용한다"고 밝혔다. 이는 공부에 대한 '적극성'을 잘 보여주는 사례라고 할 수 있다.

아울러 단어 암기방법에 대한 질문에서 공부벌레들은 '연습장에 적으며', '속으로 읽으며', '소리 내어 발음하며' 단어를 외운다는 답변이 주류를 이루었다. 이처럼 공부벌레들은 영어의 기초학습과 심화학습 두 가지 면에서 모두 보통학생보다 매우 적극적인 자세를 갖고 있었다. 진취적인 학습 태도가 성적의 우열을 가늠하는 중요한 잣대가 되고 있음에 학부모들은 각별히 주목해야 할 대목이다.

교과서나 문제집 말고 시사 영어잡지나 소설 등을 읽는지에 대해서도 추가 조사를 실시했다. 물론 영어잡지나 소설 등의 내용이 수

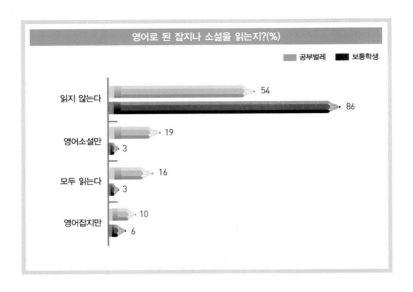

영어로 된 잡지나 소설을 읽는지?(%)

공부벌레 보통학생

읽지 않는다 54 / 86

영어소설만 19 / 3

모두 읽는다 16 / 3

영어잡지만 10 / 6

학능력시험 외국어영역에 출제되지는 않는다. 그래서일까, 잡지나 소설 등을 읽지 않는다는 응답률이 공부벌레는 54%, 보통학생은 86%에 이르렀다. 하지만 공부벌레의 46%, 즉 절반에 가까운 학생들은 영어잡지나 소설 등을 읽고 있었다.

당장 수능에 도움은 되지 않더라도, 영어잡지나 소설을 꾸준히 구독함으로써 평생학습이라 할 수 있는 영어공부에 깊이와 넓이를 더하고 있었다. 공부벌레들은 자신의 취미에 따라 영어잡지를 취사선택하고 있었다. 이는 학습의 성취도와 동기 부여 면에서 매우 중요한 의미를 지닌다. 영어는 자칫 한순간 지겨워질 가능성이 매우 높은 과목이다. 따라서 자신의 취미와 흥미를 한껏 살릴 수 있는 만화책이나 애니메이션, 또는 게임북 등을 통해 영어학습의 슬럼프에서 벗어나는 좋은 결과를 가져왔다고 밝힌 공부벌레들도 있었다.

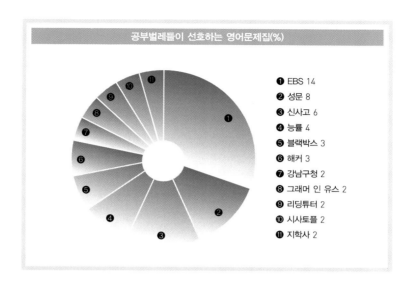

공부벌레들이 선호하는 영어문제집(%)

❶ EBS 14
❷ 성문 8
❸ 신사고 6
❹ 능률 4
❺ 블랙박스 3
❻ 해커 3
❼ 강남구청 2
❽ 그래머 인 유스 2
❾ 리딩튜터 2
❿ 시사토플 2
⓫ 지학사 2

수학

수학은 국어나 영어보다 선행학습 정도를 확실하게 정할 수 있는 과목이다. 아울러 선행학습이 가장 필요한 과목이라고 공부벌레들은 목소리를 높인다. 공부벌레들은 영어과목과 마찬가지로 수학에 있어서도 학교 진도보다 약 1년가량 앞서 학습하고 있었으며, 보통학생들보다 한 학기 정도 빨랐다.

무엇보다 수학과목에 있어서는 보통학생들이 그 학습에 대해 큰 부담감을 느끼고 있었다. 즉 많은 시간을 들여 최선의 노력을 경주해도 성적이 잘 오르지 않는 과목이 바로 수학이라는 것이다. 따라서 학원이나 과외를 통해 수학을 공부하는 보통학생들도 많았지만, 이미 수학과목을 '포기했다'는 응답도 12%에 이르렀다.

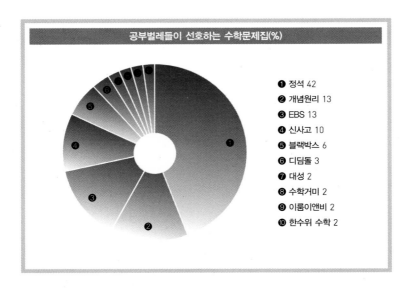

공부벌레들이 선호하는 수학문제집(%)

❶ 정석 42
❷ 개념원리 13
❸ EBS 13
❹ 신사고 10
❺ 블랙박스 6
❻ 디딤돌 3
❼ 대성 2
❽ 수학거미 2
❾ 이룸이앤비 2
❿ 한수위 수학 2

　　공부벌레들은 효과적인 수학과목 학습방법으로 단연 '다양한 문제를 빠른 시간에 풀 수 있는 방법'을 선호했다. 따라서 공부벌레들은 주요 학습교재로 '문제집'을 압도적으로 꼽았다. 공부벌레들 또한 수학과목에 일정한 부담감을 느끼고 있었는데, 그 중에서도 문제풀이에 소요되는 '시간 단축'에 가장 깊은 노력을 기울이고 있었다.

　　아울러 공부벌레들은 수학과목에 있어 학교 수업을 그다지 신뢰하지 않았다. 공부벌레 가운데 77%에 이르는 학생들이 학원 수강과 과외를 통해 수학을 학습하는 것으로 나타났다.

　　어쨌든 좀더 많은 문제를 좀더 빠른 시간에 풀 수 있는 능력 배양을 위해 최선의 노력을 경주한다는 사실에 각별하게 주목해야 할 것이다.

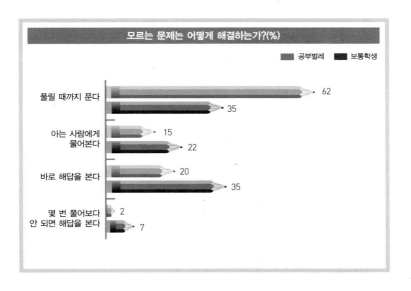

이 문제는 잘 모르겠는데…

우리는 국·영·수 주요 과목에 대해 '과목별 노트 정리법'이나 '문제집 선택법' 등 전체적 학습 노하우에 관한 질문을 추가했다. 그 가운데 결과에 있어 가장 뚜렷하게 차이를 나타낸 부분이 바로 '모르는 문제에 대한 해결법'에 관한 질문들이었다.

공부벌레들은 새로운 학습에 대한 지적 호기심도 왕성했지만, 무엇보다 잘 풀리지 않는 문제들을 어떻게든 자기 것으로 만들어 해결하고자 하는 의욕이 보통학생들을 압도하고도 남음이 있었다. 기본적으로 모르는 문제를 어떻게든 풀어보겠다는 남다른 끈기를 갖고 있었다. 아울러 보통학생들은 오답노트 만들기에 그다지 관심이 없었지만, 공부벌레들은 대부분 자신만의 오답노트를 갖고 있었다.

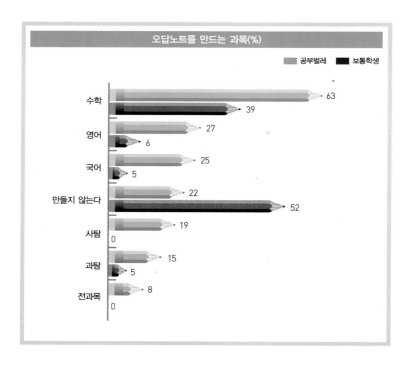

오답노트를 만드는 과목(%)

특히 수학과목에 대한 오답노트를 만드는 데 많은 노력을 쏟았다. 그리고 그 오답노트를 틈만 나면 꺼내보면서 자신이 틀린 문제, 취약한 문제를 철저하게 분석하고, 자신만의 해답 찾기에 뛰어난 능력을 나타냈다.

04

학교 생활 vs 과외 생활

공부벌레와 보통학생 가운데 누가 더 학교 생활에 충실할까? 학교 수업에 충실한 학생들이 공부를 잘 한다는 사회적 통념이 정녕 옳은 것인지, 궁금하지 않을 수 없었다. 우리는 이 같은 의문점을 해결하기 위해 다각적인 차원에서 질문을 제시했다.

먼저 우리는 수업시간의 집중도에 대해 물었다.

"모든 수업에 집중한다"라는 응답은 공부벌레(40%)와 보통학생 (35%) 간에 큰 차이가 없었다. 즉 공부벌레나 보통학생이나, 몇몇 주요 과목 및 상대적으로 학습성취가 부진한 과목에 각별한 집중력을 발휘한다고 대답했다. 하지만 추가 조사를 통해 공부벌레와 보통학생 간에 뚜렷한 차이가 있음을 알 수 있었다.

수업시간에 대한 집중도 측정에서는 큰 차이가 없었으나, 즉 다시 말해 공부벌레나 보통학생이나 수업시간에 열심히 듣기는 하지만, 그 배운 내용을 자기 것으로 만드는 효과적인 방법과 노력 면에서는 보통학생들이 많이 뒤지는 것으로 나타났다.

"언젠가 스쳐지나가듯 말씀하신 것이 시험에 나온 적 있어요."

시험을 치르면서 이와 같은 경험을 한 적 없는가? '아, 그 때 선생님이 비슷한 말씀을 하셨었는데…' 수업시간에는 모두 이해한 것 같았던 내용들이 시험볼 때는 도무지 떠오르지 않아 애를 먹었던 경험 말이다.

공부벌레들은 이 같은 낭패를 보지 않기 위해 자신만의 효과적인 방법을 활용하고 있었다. 즉 그들은 자신들이 곧잘 '틀리는' 문제의 유형들을 정리해 놓고 있었다. 암기력 부족으로 틀리는 건지, 정말 이해가 안 돼서 틀리는 건지, 종종 실수 때문에 틀리는 건지…. 수업시간에 선생님이 설명하는 내용들을 이 같은 유형들에 대입해 정리한 노트를 갖고 있었다. 반면에 보통학생들은 수업시간에 노트 필기를 잘 하고 있었지만, 공부벌레들이 갖고 있는 자신만의 노트를 만드는 데는 매우 서투르거나 필요성을 크게 느끼지 못하고 있었다.

한 공부벌레는 다음과 같이 말했다.

"틀리는 것은 항상 틀리게 마련이죠. 틀리는 데에는 늘 몇 가지 유형이 있답니다."

정말 자신이 몰라서 틀리는 문제는 어쩔 수 없지만, 그 밖의 문제 유형들에서는 한 치의 실수도 범하지 않겠다는 적극적인 자세에서 공부벌레들은 보통학생들을 압도하고 남음이 있었다.

아울러 "선생님의 강의내용을 얼마나 자기 것으로 만들고 있는가?"라는 질문에 공부벌레들은 평균 80%가량 그 내용을 자기 것으로 이해하고 있는 것으로 나타났다. 나머지 20%의 내용을 자기 것으로 만드는 데 공부벌레들은 각별한 노력을 기울이고 있는 것이다.

공부벌레는 '보상'이 아니라 좋은 '동기 부여'를 바란다

우리는 공부에 대한 거의 유일무이한 평가 잣대로서 활용되고 있는 '시험'공부에 대해 다양한 설문을 제시했다.

공부벌레나 보통학생들이나, 시험공부 스타일에 있어서는 큰 차이가 없었다. 즉 학생들은 대부분 '지겹더라도 한 과목을 끝낸 후 다음 과목을 공부'하거나 '지겨울 때마다 과목을 바꿔가며 공부'하는 스타일을 갖고 있었다. 아울러 시험기간 동안에 이른바 '벼락치기'를 하는 것에도 별반 차이가 없었다. 하지만 시험기간 동안 공부벌레보다 보통학생들이 훨씬 잠을 덜 잔다는 것을 조사에서 알 수 있었다. 즉 보통학생보다 공부벌레들이 시험기간 동안 한결 여유로운 마음을 갖고 있는 것으로 나타났으며, 보통학생이 공부벌레보다 훨씬 긴장과 초조감을 느끼고 있음을 알 수 있었다.

또한 공부벌레들은 어떤 '보상'을 바라며 공부하지는 않는다는 사실이 밝혀졌다. 즉 그들은 물질적 보상보다는 정신적 보상을 더 중시하는 것으로 나타났다.

사람이 어떤 일을 할 때는 그렇게 하도록 자연스럽게 이끄는 '내부적 동기'와 그렇게 하도록 자신을 다그치는 '외부적 동기'가 있을 수 있다. 공부벌레들은 스스로 '동기화'가 이루어진 상태로서 '내부적 동기'가 더 강한 면모를 갖고 있었다. 물질적 보상보다는 개인의 '성취감' 등의 정신적 보상이 그들을 공부하도록 이끄는 것이다. 이는 '시험 후 스스로에게 상벌을 주는가?' 라는 질문에 대한 응답을 통해 증명된다.

공부벌레들은 시험 후 그 결과를 놓고 자기 자신을 평가하는 학생이 드물었다. 하지만 보통학생들의 경우에는 스스로 자신을 평가한다는 응답이 32%에 이르렀다. 이를 통해 보통학생들은 공부벌레보다 훨씬 외부적 동기에 민감하다는 사실이 밝혀졌다.

참고로 우리는 공부벌레들과 보통학생들의 1주일 용돈 규모에 대해 조사를 벌였다.

이에 따르면, 공부벌레들 가운데 1주일 용돈이 5만 원을 넘는 경우가 없었다. 하지만 보통학생들은 용돈의 분포도가 실로 다양하게 나타났다. 공부벌레들 가운데 용돈을 전혀 받지 않는다고 응답한 학생들도 36%에 달했다. 대체로 부유한 집안의 학생들이 풍족한 용돈을 받으며 공부도 잘 할 것처럼 생각되지만, 실제 조사에 따르면 뜻밖에도 공부벌레들은 검소한 생활을 하고 있는 것으로 나타났다.

아울러 학교 선생님과의 친밀도 조사에서는 공부벌레나 보통학생이나 별반 차이가 없었다. 또한 훌륭한 선생님의 기준으로 무엇보다 '관심과 사랑'을 꼽았다. 흔히 요즘 학생들은 선생님을 '실력'으로밖에는 평가하지 않는다는 인식이 매우 잘못된 편견에 지나지 않았음을 보여주는 대목이다. 수업을 충실하게 준비하고 잘 가르쳐주는 선생님보다는 자신의 생활에 대해 관심을 가져주고, 사랑으로써 학창시절을 이끌어주는 선생님에게 깊은 호감을 보이고 있는 것이다.

과외보다는 학원

학원과 과외에 있어서는 공부벌레들의 경우 결론적으로 학원은 'yes', 과외는 'no'다. 과외는 오히려 보통학생들에게서 그 비율이 높았다.

곰곰이 생각해 보면 이해할 수 있는 결과다. "학원 강사와 과외 선생 가운데 누가 더 실력이 좋을까?"라는 질문에 공부벌레들은 대부분 '학원 강사'라고 답했다. 공부벌레들에 따르면, 그들은 '문제를 어떻게 푸는지'가 아니라 '문제를 어떻게 효율적으로 풀 수 있는지'를 배우러 학원에 다닌다고 한다. 따라서 최고의 실력을 갖춘 학원 강사를 가장 선호한다는 것이다.

반면에 보통학생들은 과외를 선호했다. 그들에게는 어떻게든 문제를 풀어야 하는 것이 문제풀이의 효율성보다 시급한 문제였기 때문이다. 따라서 일정 수준을 갖춘 학생들을 대상으로 좀더 효율적인 문제풀이를 가르치는 학원과 일 대 일 학습을 통해 문제에 대한 이해와 기본적인 풀이에 더욱 치중하는 과외 수업 사이에는 학생 '수준'의 문제가 깊숙이 반영되어 있다는 점에 각별히 주목해야 할 것이다.

인터넷 강의를 아시나요

학교 수업 외 학습 가운데 공부벌레들이 가장 선호하고 있는 방식은 '인터넷 강의'였다. 이 책의 독자들 가운데 인터넷 강의에 대해 들어본 적이 있는 학부모들도 있는가 하면, 인터넷 강의라는 것이 존재하는지조차 모르는 학부모들도 있을 터다.

흥미로운 사실은 이제 온라인 사이트에서 실시하는 인터넷 강의가 수험생들 사이에서 커다란 인기를 끌게 되었다는 점이다. 이는 오프라인보다 상대적으로 저렴한 비용, 시간 절약 등 일정한 수준에 오른 공부벌레들에게는 매력적인 학습 상품이 아닐 수 없다. 현재 인터넷 강의의 선두주자로 떠오르고 있는 '메가스터디' 온라인 학습 사이트만 하더라도, 창업 초기에는 그 실적이 매우 미미했다. 하지만 현재 수십만 회원을 거느린, 타의 추종을 불허하는 주요 학습기관으로 자리를 잡았다.

또한 공부벌레들이 보통학생들보다 인터넷 강의에 더 적극적이고, 자신이 수강할 사이트는 자신이 결정한다는 비율이 매우 높았다. 이는 정보 접근과 정보 공유 면에서 공부벌레들이 보통학생들보다 훨씬 뛰어나다는 사실을 보여주고 있다.

05

공부벌레의 좋은 여가활용 습관

아마 학창시절에 "이제 그만 TV 끄고 공부 좀 하지 그러니?"라는 잔소리를 들어보지 않은 사람은 없을 것이다. 그만큼 TV는 수험생들이 물리치기 어려운 달콤한 유혹이다. 그렇다면 21세기를 살아가는 오늘날의 학생들은 TV에 대해 어떤 생각을 갖고 있을지, 우리는 궁금하지 않을 수 없었다.

먼저 공부 목적 외에 1주일 평균 TV 시청 시간에 대한 질문에서 공부벌레들은 단연 1시간 정도 시청한다고 답변했다. 반면에 보통학생들은 2~3시간가량 시청하는 비율이 가장 높았다. TV를 전혀 시청하지 않는다고 답변한 공부벌레들도 19%에 달했다.

그런데 이보다 더 주목할 만한 사실은 학생들이 시청하는 TV 프로그램의 종류였다.

공부벌레와 보통학생들 모두 '오락 프로그램'을 가장 많이 시청하는 것으로 조사됐다.

"야간자율학습이 끝나고 귀가하면 30분 정도 TV를 시청합니다. 주로 음악 프로를 즐겨 보는데, 스트레스 해소에 큰 도움이 됩니다."

학생들은 대체로 스트레스 해소를 위해 TV를 시청하는 것으로 나타났다. 또한 청소년들인 만큼 연예인에 대한 관심도 매우 높았다. 어쩌면 이는 매우 자연스러운 현상일 것이다. 그런데 다음의 결과는 매우 흥미롭다.

공부벌레들은 오락 프로그램 외에 '뉴스' 프로그램을 주로 시청하는 것으로 조사됐다. 반면에 보통학생들은 '드라마'를 즐겨 보았다. 물론 공부벌레들 가운데서도 드라마를 즐겨 본다는 학생들이 있었지만, 그 비율은 매우 낮았다. 즉 공부벌레들은 스트레스를 풀기 위해 오락 프로그램을 즐겨 보면서도, 자신의 시사상식과 교양을 넓힐 수 있는 뉴스 프로그램을 주로 시청하는 것으로 밝혀졌다.

"고등학교 1학년 때 〈대장금〉이 방영됐는데, 한 회도 빼놓지 않고 시청했어요. 하고 싶은 건 꼭 해야 하는 성격이라 〈대장금〉 시청을 후회하지는 않아요. 하지만 그 다음부터는 드라마를 보지 않았어요."

이렇게 털어놓는 공부벌레도 있었다. 우리는 추가 조사를 통해 공부벌레들은 TV 시청 시간을 자신의 의지에 따라 효과적으로 조절할 수 있는 능력을 갖추고 있는 반면, 보통학생들은 TV 중독증에 빠질 가능성이 상대적으로 크다는 사실을 알 수 있었다. 따라서 학부모들은 자녀들이 '드라마'에 너무 탐닉하고 있는 것은 아닌지, 한번쯤 점검해 볼 필요가 있다.

체력은 공부력!

일상생활과 관련해 또 하나의 흥미로운 결과가 있다면, 이는 바로 '공부 외에 친구들과 어울리는 시간'에 관한 조사였을 것이다. 동서 고금을 막론하고 '친구'가 나 자신의 인격과 사회성 형성에 매우 중 요한 영향을 미친다는 데에 동의하지 않을 사람은 없다.

특히 고등학생 시절에 쌓은 우정과 교우관계는 앞으로 살아가는 데 결정적인 영향을 끼치기도 한다. 흔히들 '평생 친구'와의 첫 만 남이 고등학생 시절에 싹텄다고 하지 않는가. 따라서 우리는 교우 관계에 대한 질문들을 통해 공부벌레들과 보통학생들 간에 대인관 계에 어떤 차이가 있는지, 또 교우관계가 공부에 얼마나 영향을 주 는지에 대해 살펴보았다.

먼저 공부 목적 외에 친구들과 1주일 평균 얼마나 어울리는지에 대한 시간조사에서, 공부벌레들은 평균 3시간 30분, 보통학생들은 평균 3시간가량 친구들과 함께 시간을 보내는 것으로 나타났다. 즉 공부벌레들이 보통학생들보다 친구들과 어울리는 시간이 많았다는 것은 사뭇 흥미로운 사실이 아닐 수 없다. 또한 '전혀 어울리지 않 는다'라고 답변한 보통학생의 비율은 9%에 이르지만 공부벌레들은 모두 최소한 1시간 이상 친구들과 시간을 보내는 것으로 밝혀졌다.

또한 공부벌레나 보통학생이나, 친구들과 주로 무엇을 하며 시간 을 보내는가에 대한 답변으로 '대화'를 꼽았다. 이 대화의 범주 속 에는 잡담도 들어 있고, 어떤 정보를 주고받는 행위도 포함되어 있 다. 즉 학생들은 친구들과 대화를 통해 스트레스를 풀 뿐만 아니라 다양한 주제의 커뮤니케이션에 많은 시간을 할애하고 있다고 할 수 있겠다.

'대화' 다음으로 공부벌레들은 친구들과 '운동'을 한다고 답변한 반면, 보통학생들은 '게임'을 한다고 응답했다. 공부벌레들은 길거리 농구나 족구 등 좁은 공간에서 적은 수의 사람들이 효과적으로 즐길 수 있는 구기 운동을 선호했다. 반면에 보통학생들 중 18%는 운동을 전혀 하지 않는다고 답변함으로써, 건강관리에 있어서 문제점을 드러내기도 했다.

대진고를 졸업하고 서울대에 진학한 김현진 학생은 "고등학교 때 반에서 운동장을 도는 기합을 받았는데, 뺑뺑이에서 1, 2, 3등을 한 학생이 전교 1, 2, 3등을 차지하는 학생이었다"라고 하며 체력이 바탕이 돼야 공부하는 정신력이 강해진다고 조언한다.

공부는 장기 레이스와도 같기 때문에, 틈틈이 건강도 유지하고 교우관계도 돈독히 하는 일석이조의 수단으로서 '운동'을 선호하는 것은 공부벌레로 가는 필수 코스일 수도 있겠다. 어쨌든 이는 각별히 주목해 볼 필요가 있는 대목이 아닐 수 없다.

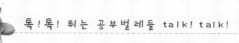

효과적인 선행학습이 성적을 좌우한다

대부분의 공부벌레가 선행학습을 하는 것으로 나타난다. 특히 수학과 영어 과목에서는 선행학습을 했는지의 여부보다 '언제부터' 선행학습을 했는가에 따라 성적이 크게 달라진다. 수학의 경우 공부벌레들의 90%, 보통학생들의 81.4%가 선행학습을 했다. 비율만 놓고 본다면 큰 차이가 없다. 그렇다면 왜 성적에서 많은 차이가 나는 걸까?

수학 과목을 기준으로 좀더 자세히 살펴보겠다. 무엇보다 공부벌레들과 보통학생들 간에 선행학습을 시작한 시기가 뚜렷하게 다르다. 공부벌레들 가운데 50% 이상이 7개월 ~2년 전부터 수학 선행학습을 하기 시작한 반면, 보통학생들의 선행학습 시기는 50% 이상이 1~6개월 사이에 집중적으로 몰려 있다. 결과에서 알 수 있듯이 수학의 경우 어느 정도 긴 시간을 선행학습에 투자하는 것이 도움이 된다. 그러나 선행학습의 시기를 너무 일찍 또는 많이 잡는다고 해서 무조건 좋은 건 아니다. 선행학습을 시작하는 시기를 결정하기 위해서는 우선 자신의 실력이 어느 정도인지, 또 어떤 공부 스타일이 자신에게 적합한지를 철저히 파악해야 한다. 그리고 파악된 결과에 따라 장기적인 계획을 세워야 한다. 현재 특목고에서 전교 1등을 하는 한 학생은 "미리 선행학습을 하는 것보다는 기본적으로 중학교 과정을 완벽하게 이해해야 하는 것이 더 중요하다. 고등학교 수학을 어렵게 느끼는 이유는 중학교 과정을 충분히 이해하지 못했기 때문이다"라고 답변했다. 또 다른 학생은 "미리 공부하면 어차피 잊게 된다"라고 말하며 자신은 3개월 정도만 선행학습을 한다고 밝혔다. 이 학생은 남들보다 바쁜 고등학교 1학년 시절을 보냈지만 오히려 짧은 선행학습 덕분에 '남들을 따라가야 한다'는 동기 부여와 겸손함이 생겼다고 한다. 그리고 1학년이 끝나갈 무렵에는 다른 학생들을 조금씩 앞서갈 수 있었다고 들려주었다.

특히 수학 경시대회를 준비하는 학생들은 선행학습 시기가 더욱 앞당겨지며 학습량도 월등히 많다. 이런 학생들 가운데는 초등학교 때 이미 고등학교 수준까지 마친 경우도 쉽게 찾아볼 수 있다. 한종욱(휘문고) 학생은 "수학의 경우는 특별하다. 초등학교 2학년

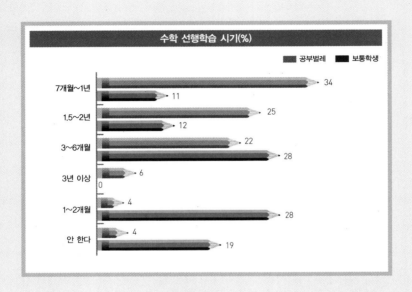

때부터 경시대회를 나가기 시작했으며 늘 3~4년 앞서 공부했다. 초등학교 5~6학년 때 《수학 정석》을 공부했다"라고 들려주었다.

대부분의 공부벌레가 중학교 3학년 이전에는 선행학습을 진지하게 하지 않았다는 점을 기억하자. 물론 초등학교 때부터 학원에 다니는 것을 수능 준비를 위한 '선행학습'으로 보기에는 무리가 있다. 초등학교 시절의 학습은 그저 공부에 대한 흥미를 잃지 않도록 일정 수준의 긴장감을 부여하고, 공부하는 습관을 기르는 정도로 보는 것이 옳다. 보통 중학교 3학년 여름방학 때부터 고등학교 과정을 위한 '본격적인' 선행학습에 들어가는 경우가 많았다.

선행학습 시기에 대한 결정이 끝났다면 그 다음으로 고려해야 할 사항이 있다. 다름아 닌 '어디서, 어떻게 공부할까'의 문제. 공부벌레 가운데 47% 정도가 주요 과목에 대 한 선행학습이 학원에서 이루어지는 것으로 나타났다. 또 서울에 거주하는 학생들은 단과를 선호하는 것으로 조사된 반면, 서울 근교와 지방에 거주하는 학생들은 종합학원을 더 선호했다. 이런 결과에는 여러 가지 이유가 있겠지만, 특히 지방 학생들의 경우에는 서울 학생들보다 학원 선택의 폭이 상대적으로 좁기 때문이라는 분석이 일리 있어 보인다.

선행학습은 어떻게 했나요?

- 선행학습을 할 때 '나중에 또 배우겠지'라는 안일한 생각이 들어 대충 공부하는 학생을 많이 볼 수 있다. 그러나 처음 배울 때 확실하게 이해하는 것이 가장 효과적인 학습법이다.   – 어현규(휘문고 졸업, KAIST 진학)

- 수학은 2년 정도 앞서 선행학습을 했다. 이후에는 외고 준비반이 마련된 학원에 들어가 영어·수학·국어 과목을 공부했다.   – 곽민석(한영외고)

- 수학은 3개월 정도 선행학습했다. 다른 아이들과 비교하면 좀 늦은 편에 속한다. 하지만 무작정 선행학습을 많이 하는 것이 능사는 아닐 것이다. 어차피 미리 공부하면 모두 잊어버리지 않는가.   – 신승연(대원외고 졸업, 서울대 진학)

- 초등학교 4학년 때부터 수학 학원에 다녔다. 중학교 때는 영어·수학·한자 학원을 다녔다. 영어는 독해 위주로 공부했고, 수학은 고입 전 공통수학까지 공부했다.   – 이시영(경기고 졸업, 서울대 진학)

- 수학은 중학교 때부터 선행학습했다. 수열과 같은 어려운 부분을 먼저 공부하는 게 좋을 것이라고 생각한다.   – 최윤선(안양고)

- 외고 유형에 맞춰 공부해 왔다. 그리고 과외 대신에 학원을 선택한 이유는 친구들과 선의의 경쟁을 벌일 수 있고 때론 도움을 주고받을 수도 있을 거란 판단 때문이다.   – 최지윤(대원외고)

06

공부벌레의 배후에는 '가족' 이 있다

꾸중은 예스, 잔소리는 노!

이 책을 읽는 학부모들은 지금부터 설명하는 조사결과에 대해 관심을 가져야 할지도 모르겠다. 우리는 가족이 학생들에게 어떤 영향을 미치는지 알아보기 위해 설문조사를 실시했다. 그리고 다음과 같은 흥미로운 결과를 밝혀낼 수 있었다.

공부벌레나 보통학생이나 공히 마찬가지로 부모에게서 칭찬과 꾸중을 거의 같은 비율로 듣고 있는 것으로 조사됐다. 물론 공부벌레들이 보통학생과 비교할 때 꾸중보다는 칭찬을 약간 더 받는 것으로 나타났다. 공부를 잘 하는 학생들이니 칭찬을 많이 듣는 것이 자연스러운 일일 수도 있다. 하지만 이를 바꾸어 생각하면, 꾸중을 많이 듣는 공부벌레들도 적지 않다는 점을 깨닫게 된다.

칭찬은 고래도 춤추게 한다지만, 때로 꾸중도 약이 된다고 말하는 공부벌레들도 많았다. 칭찬과 꾸중에서는 공부벌레와 보통학생 간에 별 차이가 없었지만 잔소리를 듣는 횟수에서는 확연한 차이를 보였다. 즉 보통학생들은 공부벌레들보다 평균 두 배가량 많은 잔소리를 듣고 있었다. 중요한 건, 학생들은 '잘못하는 일에 대한 채찍'으로서 꾸중을 받아들이고 있지만 '잔소리'에 대해서는 심한 스트레스를 받는다는 사실이다. 야단맞을 일에 대해서는 야단맞고 반성하면 그만이지만, 잔소리를 들으면 잘 하려고 하다가도 순간 그 마음이 싹 사라지고 만다고 털어놓는 학생들이 매우 많았다. 이는 공부벌레들이나 보통학생들이나 마찬가지였다.

따라서 잘못에 대해서는 그에 상응하는 꾸중을 내리되, 가급적 잔소리는 삼가는 것이 좋다. 아울러 공부에 영향을 줄까봐, 그때그때 꾸중하지 않고, 나중에 내친 김에 한꺼번에 몰아서 야단을 치는 것은 더더욱 좋지 않다. 이는 정말 공부에 깊은 악영향을 끼친다고 학생들은 입을 모은다. 또한 잔소리가 잦으면, 학생들은 이에 대해 별다른 반응을 보이지 않는 채 '무관심'으로 대응한다고 한다. 무관심은 가족과 가족 사이의 거리를 점점 벌려놓는 가장 무서운 적이라는 사실을 학부모들은 명심해야 할 것이다.

그렇다면 꾸중은 어떻게 해야 효과적일까?

첫째, 다음으로 미루지 말고 잘못한 즉시 적절한 꾸중을 한다.

'잘못했다'라는 상황은 물론 이성적인 판단에 바탕하고 있다. 하지만 이 같은 상황에는 감정적인 면도 없지 않다. 즉 잘못을 하게 되면 '죄책감'을 갖게 마련이다. 하지만 이는 감정이기에 시간이 지날수록 점점 잊혀지고 만다. 학부모들 중에는 참고 또 참다가 한꺼번에 폭발하는 경우가 있다.

"내가 오죽하면 이런 말을 하겠니!"라는 식의 꾸중은 매우 좋지
않다. 시간이 흐를수록 학생들은 잘못에 대해 죄책감을 갖는 강도
가 점점 희미해지고, 부모는 하나하나 참는 동안 감정의 뇌관에 점
점 다가가는 결과만을 불러올 뿐이다.

둘째, 무엇을 잘못했는지 차근차근 설명해 주어야 한다.

"뭔가 잘못을 한 것 같기는 한데, 뭘 잘못했는지 잘 모르겠어요."

"야단치니까 야단맞았는데, 딱히 제가 뭘 잘못했는지 모르겠군요."

이와 같은 반응을 보인다면, 적절하게 꾸중을 했다고 할 수 없다.
오히려 이는 악영향을 끼칠 뿐이다.

잘못을 저지르는 데에는 '알고도' 하는 경우와 '모르고' 하는 경
우가 있다. 알고도 잘못을 저지르는 경우가 더 나쁘다는 것은 말할
필요도 없다. 문제는 모르고 잘못을 저지르는 경우에는 반드시 왜
그것이 잘못된 것인지 알려주어야 한다는 것이다.

"설마…. 그 정도도 모를까요?"

이렇게 생각해서는 안 된다. 학생은 '배움'의 과정에 있는 사람
들이다. 그리고 만일 잘못 혼냈다면 사과를 해야 한다. 자존심 때문
에, 사과를 하는 일에 서툴러서 못하는 경우가 있는데, 이는 교육상
바람직하지 않다.

"뭐… 어른들이 다 그렇죠. 어떻게 아이들에게 약한 모습을 보이겠
어요? 항상 자신들이 옳다고 생각하시지 않나요? 저희가 이해해야죠."

이렇게 답변하는 학생을 '어른스럽다'고 여길 것인가?

셋째, 무엇이 '잘못된 방법'인지 알려준 다음에는 '옳은 방법' 또
한 알려주어라.

무언가를 잘못해서 야단을 쳤다고 하자. 그러면 학생들은 다음에 똑같은 상황에 처했을 때 다시 잘못된 방법을 선택하지 않고 싶어도, 옳은 대안이 무엇인지 몰라 동일한 잘못을 반복하는 경우도 있다. 따라서 야단이나 꾸중을 한 뒤에는 반드시 자녀가 모범으로 삼을 수 있는 효과적인 대안을 마련해 주어야 한다. 꾸중을 할 때는 좀 더 친절해져야 한다는 의미다.

나는 우리 아이에게 얼마나 도움이 되는 부모인가?

"제가 밤늦도록 공부하다가 보면, 새벽까지 안방 불빛이 꺼지지 않고 있는 걸 발견하곤 해요. 그럴 때는 정말 안타깝고 죄송하죠. 그러지 말라고 말씀 드려도 정말 귀담아 듣지 않으세요."

어쩌면 학부모들이 수험생들보다 훨씬 힘겨운 수험생활을 하고 있는지도 모르겠다. 그들의 바람은 오직 어떻게든, 조금이라도 자녀들에게 도움이 되고자 할 뿐이다. 그렇다면 학생들은 부모가 자신의 수험생활에 얼마나 도움이 된다고 느끼고 있을까? 우리는 이를 정신적인 차원과 실제 학습 차원으로 나누어 살펴보았다.

공부벌레나 보통학생이나 부모가 정신적으로 많은 도움을 준다고 느끼고 있었다. 부모가 자신을 위해서 얼마나 애를 쓰고 헌신하는지를 잘 알고 있었으며, 이에 대해 고마운 마음을 갖고 있었다. 그런데 '부모가 공부에 얼마나 도움이 되는가?' 에 대해 공부벌레들이 보통학생들보다 '많은 도움이 된다' 고 응답했다. 공부벌레들의 학부모들은 특히 학원이나 과외 수강 등에 대해서 많은 정보를 갖고 있었고,

이를 자녀들의 학습방법에 효과적으로 활용하고 있었다.

　"공부 그 자체에 대해 도움을 줄 수 있는 부모가 대한민국에서 과연 몇이나 있겠습니까? 다만 저는 아이를 위해 좋은 학원, 좋은 선생님에 대한 정보를 꼼꼼하게 정리해서 주기적으로 이를 제공했습니다. 그러다 보니 자연스럽게 좋은 학원과 선생님에 대한 안목이 길러지더군요. 물론 여기에는 제 연륜 또한 큰 기여를 하죠. 아무래도 사람을 보는 눈에 있어서는 어린 학생들보다 어른들이 더 정확하지 않을까 생각합니다. 제 정보에 신뢰가 생긴 아이는 점점 저에게 학원과 선생님에 대한 정보를 의지하기 시작했습니다. 제가 아이에게 해줄 수 있는 일이 있다는 점에서 매우 뿌듯했답니다."

　중요한 건 무조건 비싼 학원, 비싼 과외만을 고집하거나, 자신의 판단을 아이들이 그대로 따를 것을 주문해서는 안 된다는 점이다. "정보는 중요하게 제시하되, 선택과 판단은 아이들에게 맡겨놓는 것이 좋다"고 한 공부벌레의 어머니가 귀띔을 한다. 수험생을 둔 부모라면 새겨들어야 할 대목이 아닐 수 없다. 학생과 부모 사이에 일정한 신뢰 관계가 형성되면, 이는 길고 긴 수험생활에서 매우 효과적인 파트너십으로 작용할 것이다. 따라서 자녀의 수험생활을 진정 돕고 싶다면, 먼저 자녀들의 신뢰를 얻어야 한다는 점을 명심해야 할 것이다.

　그렇다면 학생들은 주로 누구와 고민을 상담할까? 공부벌레들과 보통학생들 모두 '친구'를 첫손에 꼽았다. 그 다음으로는 공히 '어머니'에게 고민을 털어놓는 것으로 나타났다. 주목할 만한 사실은, 학생들은 고민 상담역으로서 '학교 선생님'을 그다지 신뢰하지 않는 것으로 밝혀졌다. 이는 공교육의 심각한 문제점을 단적으로 보여주고 있다 하겠다. 학교 선생님보다는 학원 강사나 과외 선생님과 고민을 나누는 것으로 나타났다. 그런데 공부에 가장 도움이 되는 사람은 누구인가에 대한 질문에는 공부벌레나 보통학생이나 '친구'를 첫손에 꼽았고, 공부벌레는 학교 선생님을 4위, 보통학생들은 2위로 꼽았다는 결과와 견주어보면 참으로 역설적이지 않을 수 없다.

"아무래도 학교 담임선생님은 개인적인 고민을 털어놓기에는 껄끄러워요. 자칫 학교에서 소문이 날 수도 있고, 또 지켜보는 눈들이 많으니까요. 딱히 학교 선생님을 거리감 있게 생각하지는 않지만, 그렇다고 가깝게도 생각지는 않습니다. 공부에 있어서는 얘기가 좀 다르죠. 내신성적도 내신성적이고…. 학교에서 생활하는 시간이 가장 많은 만큼, 아무래도 선생님께 공부에 관해 1차적으로 상담을 하기는 하지만, 실제 학원 선생님이 훨씬 더 편하게 느껴지는 건 사실입니다. 학원 선생님들은 고득점을 올릴 수 있는 다양한 비결들을 갖추고 있는 분들이니까요."

이는 공부벌레들이 공부에 가장 도움이 되는 사람으로서 학교 선생님보다는 '학원 강사'를 꼽은 이유를 설명해 준다. 반면에 보통학생들은 학원 강사보다는 학교 선생님이 공부에 더 많이 도움이 된다고 응답한 사실도 눈여겨보아야 할 대목이다. 엘리트 위주의 소수정예 교육을 추구하는 학원 시스템과 전인교육을 슬로건으로 삼고 있는 공교육 시스템 간의 미묘한 차이를 살펴볼 수 있는 기회가 되었다고 생각한다.

07

한국의 공부벌레들은 어떤 학생들인가

공부벌레들은 스스로에 대해 어떻게 평가하고 있을까? 또 주변사람들은 그들에 대해 어떤 이미지를 갖고 있을까? 그리고 그들은 어떤 미래, 어떤 비전을 갖고 있을까? 그리고 공부벌레들은 정말 머리가 좋은 학생들인지, 어떤 점을 자신의 가장 강력한 강점으로 꼽았는지, 공부에 눈을 뜬 시기는 언제였는지, 힘든 시기는 없었는지…. 우리는 이 책의 독자들이 참고할 수 있을 만한 질문들을 마지막으로 던졌다. 그리고 의미 있는 결과들을 이끌어냈다.

나는 어떤 사람인가?

우리는 먼저 공부벌레와 보통학생들이 주변에서 어떤 평가를 받고 있는지 궁금했다. 그 결과, 학생들은 모두 '성실하다', '사교적이다' 라는 평가를 받고 있었다. 그런데 정작 공부벌레나 보통학생들은 모두 자기 자신에 대해 '감정적이다' 라는 평가를 내리고 있었다. 이는 매우 중요한 의미를 띤다. 한 공부벌레의 말을 들어보자.

"'감정적이다' 라는 뜻은 감정의 기복이 심하다기보다는, 감정에 많이 좌우된다는 의미입니다. 다시 말해, 하고 싶은 마음이 들면 누가 시키지 않아도 공부의 끝장을 보고, 내키지 않으면 하늘이 두 쪽 나도 공부 안 하는 게 요즘 학생들이라고 보시면 되요."

어떤 보통학생은 인터뷰에서 다음과 같이 털어놓았다.

"부모님에게 정말 부탁할 게 하나 있다면, 제발 좀 다그치지 않으셨으면 해요. 그냥 믿고 내버려두시면, 제가 알아서 공부합니다. 저도 좋은 대학 가고 싶고, 좋은 미래를 꿈꿉니다. 문제는, 공부가 제일이지, 부모님의 일이 아니라는 거예요. 정말이지, 그냥 내버려두시면 전교 10등 안에 들 자신 있습니다."

어린 학생들이다 보니, 감정의 기복이 있는 건 어쩌면 당연할지도 모른다. 하지만 이 같은 감정의 기복은 그다지 큰 문제가 되지 않았다. 다만, '동기 부여' 의 문제가 중심된 과제인데, 동기 부여에 있어서도 학생들은 자기 자신의 뜻과 의지를 가장 중시하고 있음을 알수 있었다. 즉 스스로, 자신이 알아서 공부할 수 있는 환경을 만들어 줄 수 있다면(물론 이는 매우 어려운 일일 수도 있다), 보통학생들이 공부벌레가 될 확률이 매우 높다는 사실을 우리는 깨달을 수 있었다.

공부보다 미래 비전이 중요하다

공부벌레와 보통학생 간에 자신의 미래에 대한 생각에서는 어떤 차이가 있을까? 우리는 사실 이 질문을 던지는 데 망설이지 않을 수 없었다. 공부벌레들이야 그렇다 치고, 보통학생들 가운데 자신의 미래에 대해 비관적으로 생각하는 비율이 높으면 어쩌나 하는 염려 때문이었다. 하지만 막상 뚜껑을 열고 보니 공부벌레나 보통학생이나, 자신의 미래에 대해서는 대체로 낙관적으로 생각하고 있었다. 오히려 눈에 띄는 점은 공부벌레의 약 10%가량이 자신의 미래에 대해 매우 어둡게 생각하고 있었다는 것이다.

"공부만 잘 하면 뭐하나… 뭐 그런 생각이 들 때가 많아요. 사실 저는 공부 빼고는 그다지 눈에 띄는 학생이 아니거든요. 내성적이고 소극적인 제 성격도 종종 참기 어렵고, 운동도 잘 못하고, 친구들도 별로 없어요. 그런데도 어른들은 공부만 잘 하면 되는 것처럼, 모든 걸 공부에 빗대어 칭찬하고 꾸중하시죠. 어쩌면 빨리 어른이 되고 싶어서, 잔소리 듣기 귀찮아서 공부에 매달리는지도 모르죠."

우리는 착잡한 마음을 금할 수 없었다. 왜 공부를 해야 하는지, 졸업 후 어떤 미래를 설계해야 하는지에 대해서는 관심 밖이고, 오로지 무조건 공부만을 강요하는 안타까운 교육현실을 단적으로 엿볼 수 있었다.

이 책을 읽고 있는 학부모들은 자녀들과 좀더 근원적인 대화를 나누어야 한다. 공부를 잘 하는 것도 중요하지만, 이에 앞서 왜 공부를 하는지에 대한 깊은 이해도 매우 중요하다. 그리고 그저 대학에 보내는 걸로 부모로서 할 일 다 했다고 느낀다면, 자칫 아이의 미래를 망칠 수도 있다는 점을 명심해야 한다. 아이가 공부에 전력하는 동안 부모는 꾸준히 아이의 밝은 미래를 위해 노력해야 한다. 공부 만큼이나 진로의 선택 또한 매우 중요한 일이 아닐 수 없다.

IQ가 높아야 공부를 잘 한다?

어쩌면 IQ(지능지수)가 높은 학생이 공부를 잘 한다는 것은 당연한 이치일지도 모른다. 실제 조사에서도 공부벌레들의 평균 지능지수가 보통학생들보다 높았다. 하지만 지능지수가 높다고 해서 꼭 공부를 잘 하는 것은 아니다. 다만 우리는 '공부를 잘 하는 학생들이 대체로 지능지수가 높다'라고 말할 수 있을 뿐, '지능지수가 높은 학생이 공부를 잘 한다'라고는 주장하기가 곤란하다.

"노력하는 사람이 모두 성공하는 것은 아니겠죠. 하지만 성공한 사람들은 모두 노력한 사람들입니다. 저는 이 같은 진리를 늘 좌우 명으로 삼고 있습니다."

심층 인터뷰 때 한 공부벌레가 밝힌 이 같은 좌우명은 이 책을 읽는 독자들에게 시사하는 바가 매우 클 것이다.

공부를 잘 하는 학생들의 강점은 무엇일까?

이 항목에 대한 조사에서 우리는 약간 다른 방법을 취했다. 즉 보통학생 100명에게는 "자신이 생각하기에 공부를 잘 하는 학생들의 강점은 무엇인가?"라는 질문을 제시했고, 공부벌레 100명에게는 "자신의 강점이 무엇이라 생각하는가?"라고 물었다.

공부벌레들은 자신의 강점으로 '집중력이 좋다', '요령 있는 공부', '수업에 충실하다'는 점 등을 꼽았다. 그리고 보통학생들이 생각하는 공부벌레들의 강점들로는 '좋은 집중력', '요령 있는 공부', '꾸준한 공부' 등이 꼽혔다. 결과적으로 이 둘 사이에는 별다른 큰 차이가 없었다.

그런데 눈에 띄는 대목이 하나 있었다. 보통학생들은 공부벌레들의 강점으로 '뛰어난 시간관리'를 4위에 꼽았지만, 정작 공부벌레들은 자신들이 시간관리를 잘 한다고 생각지 않고 있었다. 보통학생들 눈에는 공부벌레들이 시간관리에 뛰어나다고 비쳤지만, 공부벌레들은 시간관리에 허점이 있다고 생각하고 있었던 것이다.

철저한 시간관리가 성적향상을 가져온다는 사실에 이의를 다는 공부벌레들은 없었다. 따라서 시간관리를 하려면, 아주 철저하고 철저하게 하라는 교훈을 얻을 수 있었다. 이처럼 자신이 시간관리에 서투르다고 생각하고 있는 공부벌레들도, 심층 인터뷰 결과에 따르면, 자신이 세운 계획의 70~80%는 지킨다고 답변했다. 보통학생들은 이 같은 답변에 각별한 주의를 기울여야 한다. 공부벌레들은 평범한 학생들이 생각조차 하지 못하고 있는 20%를 향해 지금 이 순간도 최선의 노력을 경주하고 있다.

언제 공부를 잘 하게 되었나요?

최근 《평생성적, 초등 4학년에 결정된다》라는 책이 베스트셀러가 되어 세간의 화제를 불러모은 바 있다. 이 책에 따르면, 초등학교 4학년 시절이 공부습관 형성에 있어 가장 중요한 시기라는 것이다. 꼭 초등학교 4학년이 아니더라도, 누구에게나 공부에 눈을 뜨는 시기가 있을 것으로 판단한 우리는 학생에게 공부습관의 형성시기에 대해 물었다.

이 같은 시기를 파악하는 것은 매우 중요한 작업이다. 왜냐하면 공부습관의 형성시기가 바로 학창시절에 있어 비약적인 발전을 담보하는 터닝 포인트(turning point)가 될 수 있기 때문이다. 터닝 포인트를 거치면서 성적과 학업 성취도 면에서 괄목할 만한 발전을 나타내는 학생들이 많다. 이 책을 읽는 학부모들은 자녀들이 언제부터 공부에 관심을 갖게 되었는지, 공부습관의 형성시기는 언제였는지에 대해 꼼꼼하게 검토해 볼 필요가 있다. 어쩌면 자녀의 학업부진의 결정적 요인이 바로 이 같은 터닝 포인트를 아직 찾지 못했기 때문일 수도 있다는 점에 유의하기 바란다.

우리의 조사 결과에 따르면, 공부벌레들은 중학교 1년 시절을, 보통학생들은 중학교 2~3년 시절을 자신들의 학습 터닝 포인트로 꼽았다. 역시 공부벌레들이 평균 1~2년가량 보통학생들보다 학습습관 형성시기가 빨랐던 셈이다. 초등 4학년을 터닝 포인트로 꼽은 공부벌레들도 9%에 이르렀다.

성적이 많이 향상된 시기에 대한 질문에서 공부벌레들은 중학교 1학년을, 보통학생들은 중학교 2학년을 꼽았다. 이는 학습습관 형성시기와 성적향상의 함수관계를 잘 보여준다고 하겠다. 학습습관이 본격적으로 형성되는 시기에 학생들은 주목할 만한 성적향상을 경험했으며, 이는 고등학교에 진학하면서 다시 한번 변화를 맞이한다.

공부벌레나 보통학생들이나 모두 학창시절에 있어 가장 중요한 시기로서 고등학교 1학년을 꼽았다. 또한 학창시절 가운데 가장 힘든 시기에 대해서도 마찬가지로 고등학교 1학년 시절을 꼽았다. 따라서 고등학교 1학년 시절을 어떻게 보내느냐에 따라 공부와 진로 문제가 매우 달라질 수 있다고, 그 시절을 거친 학생들은 한결같이 주장했다.

"고등학교에 올라가서는 공부 말고도 여러 가지 신경 쓰이는 것들이 많아요. 친구들과의 관계도 그렇고, 이제 정말 수험생이구나 하는 부담감도 커지고, 무엇보다 공부를 잘 하는 학생들이 많아졌다는 것, 즉 경쟁이 매우 치열해지면서 정신적으로 많이 힘들어집니다. 1학년 때 만난 친구들과 선생님들, 그리고 특목고 입학 등 결정적인 몇 차례의 시험을 무사하게 치르면서 저는 제 공부와 진로에 대해 일정한 확신을 가질 수 있었습니다."

이 책을 읽는 부모들은 자녀들의 고등학교 1학년 시절을 그 어느 때보다 세심하게 가꾸고 돌봐주어야 할 것이다. 중학교 시절에는 어떻게든 학습에 관한 좋은 습관들을 몸과 마음에 들일 수 있도록 도와주고, 고등학교 시절에는 공부를 둘러싼 외적 환경요인에 많은 관심을 갖고 자녀가 정신적·육체적으로 지치지 않게끔 배려해야 할 것이다.

이상 우리는 공부를 정말 잘 하는 학생들과 성적을 올리기 위해 많은 노력을 기울이는 보통학생들에 대해 상호 비교의 큰 틀을 갖고 살펴보았다. 결론적으로 말하면, 공부벌레나 보통학생이나 '학생'이라는 커다란 범주 속에서는 그다지 결정적으로 눈에 띄는 차이가 없었다. 바라보는 지향점도, 공부습관도, 주변의 평가도, 일상생활에서도 대체로 두 그룹은 서로 비슷했다. 단 하나, 중요하면서도 다양한 요인에 두루 영향을 미치는 핵심적인 차이가 있었다. 바로 '능동적(자기주도적) 공부'와 '수동적 공부'의 차이였다.

공부벌레들은 자신의 공부에 자신이 주체가 되는 습관을 갖고 있었다. 이는 공부 외에도 일상생활에서 늘 주도적인 태도를 갖는, 선순환(善循環)을 이끌어가는 추동력으로 작용했다. 반면에 보통학생들은 지시에 순응하는 자세에 익숙했다. 즉 주어진 과제에 대한 해결 능력에 있어서는 공부벌레들과 별반 차이가 없었지만, 창의적이고 효과적인 자신만의 공부방법을 만드는 데는 매우 서툴렀다.

따라서 공부를 잘 하는 비결의 결정적인 키워드는 '스스로 공부하겠다는 마음가짐'이다. 어떻게 하면 스스로 공부하겠다는 마음을 가질 수 있을 것인가? 공부벌레들은 어떤 경험, 어떤 시절, 어떤 경로를 거쳐 능동적 공부습관을 형성할 수 있었을까?

자, 이 같은 의문에 대한 해답을 얻기 위해 본격적으로 공부벌레들의 일상 속으로 깊숙이 들어가보자.

"학생들을 믿어주세요"

선생님과 부모님에게 하고 싶은 말은 무엇인가라는 질문에, 효자 효녀다운 대답을 비롯해 일침을 가하는 대답도 많았다. 특히 교사들에게 안타까움을 느끼는 학생이 매우 많았는데 교사의 관심과 애정, 그리고 열의가 학생들에게 얼마나 큰 영향을 미치는지 여실히 드러나는 부분이다. 학생들의 대답 중에는 '학생들을 믿어달라'는 의견이 지배적이었다. 물론 자신들을 무조건 믿어달라는 요구가 때로는 위험할 수도 있다는 사실을 학생 자신들도 잘 이해하고 있다. 그러나 학생들은 자신들을 향한 불신 섞인 잔소리나 간섭이 공부에 대한 의욕과 사기를 꺾는다고 입을 모아 얘기한다.

실제로 학생들이 진정으로 원하는 바는 '더 잘 할 수 있도록' 도와달라는 것이다. 자신의 삶을 위해 공부하는 학생들의 입장에선 일부러 성적이 떨어지도록 만드는 일은 거의 없다. 공부를 더 잘 할 수 있도록 부추기는 원동력은 '내가 관심을 받고 있다', '선생님과 부모님이 나를 믿어주고 있다'라는 신뢰. 그렇다. 학생들이 바라는 것은 교사와 부모의 관심과 신뢰. 자신의 행복을 준비해 나가는 학생에게 힘이 되는 것이 과연 무엇인지 진지하게 고민해 보라.

선생님에게 하고 싶은 말이 있다면?
- 학생과 부모님을 연관 지어 생각하지 않았으면 좋겠다. 학생 일은 학생의 몫이다.
- 안이하게 수업을 진행하는 선생님, 예컨대 수업에 들어와 책만 읽고 나가는 선생님은 반성해야 한다.
- 교육환경이 많이 변한 만큼, 선생님들도 자신의 능력을 개발하는 모습이 필요하다.
- 선생님들이 학생에게 쏟는 관심은 학생들의 발전에 토대가 된다.
- 학생들은 저마다 고유한 개성을 갖고 있다. 선생님들은 이 사실을 인정하고 학생들의 마음을 보듬어줄 수 있으면 좋겠다.
- 학교 수업에서는 어차피 수준별 학습이 불가능하다. 따라서 수업을 어떻게 진행하

는지는 별로 관심이 없다. 그러나 학교 선생님은 공부할 수 있는 환경을 조성해 주거나 학생들에게 더 많은 관심을 가져주는 일이 필요하다.

부모님에게 하고 싶은 말이 있다면?
- 친구들 중에는 부모님의 간섭과 압박을 많이 받는 경우가 많다. 이럴 땐 스스로 공부하려는 마음마저 사라진다. 어느 정도는 지켜봐주셨으면 한다.
- 부모님이 원하는 것을 자녀에게 강요하며 대리만족을 하려는 모습은 지양해야 한다. 그리고 무엇보다 자녀의 가치관을 확립해 주려는 노력이 필요하다.
- 원래 공부 잘 하는 친구인데도 엄마가 윽박질러서 스트레스를 많이 받는 것을 보았다. 자식을 믿어주었으면 한다.
- 부모님들의 지나친 간섭은 악영향을 미친다. 최소 간섭, 최대 사랑이 도움이 된다.
- 스스로 인생을 책임질 수 있도록 자립심을 키워주는 것이 중요하다.
- 정서적인 도움을 주셨으면 좋겠다. 힘들어할 때는 따뜻한 말 한 마디가 중요하다. 물론 긴장감이 풀어지면 다그쳐주시는 것도 필요하다.

CHAPTER 2

한국의 공부벌레들
−특별한 학생들의 특별한 마인드

한·국·의·공·부·벌·레·들

01

특목고에 도전하라

공부벌레들은 대부분 중학생 시절 특목고 진학을 염두에 두고 철저하게 준비했음을 알 수 있었다. 그들의 1차 목표 학교로는 민족사관고, 부산영재과학고, 서울과학고, 대원외고 등을 들 수 있다(현재는 새롭게 개교한 외대부고가 공부 잘 하는 학생들 사이에서 커다란 인기를 모으고 있다).

우수한 학생들만 모인 특목고가 일반 고등학교보다 월등하게 뛰어난 학업여건을 십분 활용해 명문대학 합격률을 극대화한다는 것은 이미 잘 알려진 사실이다. 그런데 공부벌레들을 인터뷰하다 보니 재미있는 사실을 발견할 수 있었다. 즉 공부벌레들은 딱히 특목고에 진학하고 싶은 마음이 없더라도, 특목고 준비를 하고 있었다는 것이다. 특목고 준비를 하는 것이 성적향상에 도움이 된다는 게 그들의 공통된 의견이었다.

경기고등학교를 졸업하고 2005년 서울대 전기공학부에 진학한 이시영 학생의 말을 들어보자.

"중학교 1~2학년 시절 저는 전교 50~60등을 오르락내리락 하는 학생이었습니다. 그런데 언제부턴가 공부 좀 한다 하는 친구들이 '민사고, 민사고' 노래를 부르더군요. 그래서 대체 민사고가 어떤 학교인가 알아보았죠. 그리고 나서 민족사관고에서 공부하면 참 좋겠다는 생각을 했습니다. 그래서 민사고 진학을 결심했죠. 목표가 뚜렷해지자, 공부를 열심히 해야겠다는 마음이 강하게 들더군요. 중학교 2학년 2학기 때부터 정말 열심히 공부했습니다."

하지만 이시영 학생은 민사고 진학에 실패하고 말았다. 중학교 1~2학년 때의 성적을 극복하지 못한 것이다.

"비록 목표했던 민사고 진학에는 실패했지만, 이를 준비하는 과정에서 저는 공부에 흥미를 느낄 수 있었습니다. 공부에 대해 진정한 눈을 떴다고 할까요."

결국 그는 일반 고등학교에 진학했지만 기대 이상의 커다란 성적 향상을 불러올 수 있었다. 마침내 이시영 학생은 서울대학교에 합격하는 기쁨을 누렸다. 이처럼 중학생 시절, 특목고 진학을 목표로 하는 것이 공부와 성적향상에 도움이 된다고 공부벌레들은 말하고 있는 것이다.

현대고등학교를 졸업하고 서울대 경영학부에 진학한 민병훈 학생의 경우도 마찬가지다. 그는 중학교 1학년 시절 반 전체 40명 가운데 12등 정도의 성적을 유지하는 평범한 학생이었다고 한다.

"공부에 별로 흥미가 없었어요. 그러다가 중학교 2학년 때 우연히 시험을 한번 잘 봤어요. 그 후로 공부라는 것이 신기하기도 하고, 신나기도 하더군요. 공부에 재미를 들인 거죠. 그래서 내친김에 외국어고등학교 준비를 했는데, 보기 좋게 떨어졌어요. 하지만 한번 들인 공부 맛은 영 놓기가 어렵더군요."

그는 꾸준히 공부해 역시 서울대에 입학할 수 있었다.

중학생 시절에 특목고를 준비한다는 것은 그렇지 않은 학생에 비해 학습량이 부쩍 많아진다는 것을 뜻한다. 학습량이 많아진 학생은 책상에 오래 앉아 있을 수밖에 없고, 많은 과제와 예복습의 스트레스를 견딜 수 있는 강한 내성을 기를 수 있다. 따라서 특목고 입시를 준비하지 않는 다른 학생들보다 공부는 말할 것도 없고 외부 환경 요인에 강력하게 대처할 수 있는 '힘'을 기를 수 있다. 이 힘이 바로 공부벌레들이 자기주도적인 학습습관을 형성하는 데 커다란 역할을 한다는 사실 또한 주목해야 할 것이다.

특목고를 준비하면 또 하나의 좋은 점이 있다. 비록 진학에는 실패해도, 그 실패의 경험이 학생 자신에게 많은 인생의 교훈을 가져다 줄 수 있다는 것이다. 어느 공부벌레가 털어놓는 이야기에 귀 기울여보자.

"열심히 준비했는데, 막상 떨어지자 부모님 뵐 낯도 없고, 무척 부끄러웠습니다. 그런데 웬지 한편으로는 여유가 생겼습니다. 아주 뛰어나고 특별한 목표를 세운 후 밤을 새워가며 공부한 제 자신이 어쩐지 대견하고 든든했어요. '어디 두고 보자' 하는 오기도 생겼고요. 한번의 쓴 실패가 인생 전체에 있어서는 좋은 보약이 될 거라고 생각했습니다. 실제로도 그랬고요. 어쨌든 귀중한 경험이었습니다. 최선을 다한다는 것이 어떤 건지 절절하게 깨달을 수 있는 좋은 기회였습니다. 나를 더욱 채찍질하게 되고 다른 사람 앞에서 겸손하게 행동할 수 있는 바탕이 마련된 계기이기도 했어요."

'재수를 하면 자신을 알고, 삼수를 하면 인생을 안다' 라는 말도 있지 않은가. 귀중한 실패는 귀중한 성공과도 같은 가치를 지닌다는 사실을 공부벌레들과의 인터뷰에서 다시 한번 확인할 수 있었다.

이 책을 읽는 학부모들에게 한 가지 권장하고 싶은 게 있다. 시간을 내서 자녀들의 손을 잡고 특목고 구경을 한번 가라는 것이다. 공부벌레들과 인터뷰를 하다 보니, 호기심에 구경을 갔다가 그 분위기에 흠뻑 취해 특목고 진학을 목표로 삼은 학생들도 많았다. 진지하고 뛰어난 학생들, 공부할 수 있는 여건을 최대한 조성해 주고 있는 학교측의 배려, 자유로우면서도 사뭇 엄격한 교정 등을 보면서 나의 자녀가 인생의 높은 목표를 세울 수 있도록 이끌어주라는 것이다. 목표가 높은 학생이 성취가 높은 것은 동서고금을 막론한 진리가 아닐 수 없다.

02

자만심은 버리고 자존심은 철저히 지켜라

성공하는 사람들의 공통적인 특징으로는 '철저한 자기관리'를 들수 있다. 철저한 자기관리는 노력하면 무엇이든지 해낼 수 있다는 자신감에서 비롯된다. 그 자신감은 또한 정확한 자기파악에서 기인한다. 공부벌레들과 얘기를 나누어보면, 뜻밖에도 자신감과 자만심 사이에서 많은 시행착오를 겪고 있음을 알 수 있었다. 겸손하면서도 자신감에 찬 학생들이 대학입시에 성공하는 사례가 많았다.

과천고등학교에 재학 중인 김영환 학생은 공부를 하다가 가장 견디기 힘든 슬럼프를 맞게 되었던 원인에 대해 다음과 같이 털어놓는다.

"공부하다가 종종 '내가 이만큼 했는데, 이만큼 했으면 충분하지' 하는 자만심이 생기곤 했어요. 하지만 이는 결코 공부에 도움이 되지 않는 감정이죠. 공부를 할 때는 늘 겸손할 필요가 있다고 생각해요. 자만심을 극복하지 못하면 곧바로 슬럼프가 옵니다."

안양고등학교에서 전교 1등을 유지하고 있는 김다연 학생도 이와 비슷한 경험을 갖고 있었다.

"중학생 때 배우면 다 아는 내용이라고 생각해서 따로 복습 같은 건 안 했어요. 얕게 공부한 셈이죠. 그러다 보니 심화학습, 즉 응용력을 키우는 데 커다란 어려움이 따랐습니다."

공부벌레들이 빠지기 쉬운 오류가 바로 비교집단의 규모에서 오는 과대평가다. 내가 학교에서 전교 1~2등을 하게 되면 그 학교 내에서는 비교 대상이 없으므로 자칫 잘못하면 자신의 위치를 과대평가할 가능성이 크다. 인간은 대체로 자신이 속한 집단을 전체 집단으로 오인하는 경향이 매우 강하기 때문이다.

따라서 자만심을 갖게 되면 그 집단 내에서의 경쟁력은 계속 유지할 수 있을지 모르나, 대한민국 전체로 봐서는 자신의 경쟁력을 약화시키는 원인이 된다. 자신의 경쟁상대는 자신이 다니고 있는 학교 내에 있는 것이 아니라 많고 많은 다른 학교에 있다는 사실을 잊어서는 안 된다고 공부벌레들은 입을 모은다.

울산 성신고등학교를 졸업하고 서울대 경영학부에 진학한 김태완 학생은 독실한 기독교 신자다. 그는 교회를 다닌다는 핑계로 공부를 소홀히 한다는 말을 듣고 싶지 않았다.

"교회에 열심히 다니기 때문에 주말에는 다른 친구들보다 공부할 시간이 상대적으로 적었습니다. 그래서 부족하니까, 더 열심히 해야 한다는 생각으로 공부에 집중했습니다."

조선대학교부속고등학교를 졸업하고 서울대에 진학한 남상오 학생도 이와 비슷한 경우였다.

"고등학교 진학을 앞두고 몇 달 간 공부 안 하고 놀았습니다. 그런데 막상 고등학교에 올라가니 선행학습을 꾸준히 해 남다른 실력을 쌓은 친구들이 많더군요. 선행학습을 하지 못한 저로서는 매우 놀라지 않을 수 없었습니다. 그리고 정신 바짝 차리고 분발해야겠다는 굳은 결심을 했습니다. 지금 와서 생각해 보면 정말 다행이었습니다. 시간이 흐를수록 선행학습을 통해 남보다 앞서나가던 친구들이 자만심에 빠져 공부에 소홀해지는 경우도 많았으니까요."

대원외국어고등학교를 졸업하고 서울대에 진학한 신기창 학생은 다음과 같이 강조한다.

"자기 자신을 정확하게 파악하는 일이 무엇보다 가장 중요해요. 잘 한다는 자만심에 빠지면 자신의 단점들을 발견하기가 매우 어렵습니다. 자신이 무엇을 잘 하는지보다는 자신이 무엇을 못하는지에 대한 꼼꼼한 검토가 공부에 있어서는 정말 중요합니다."

자신의 학습습관 가운데 장점보다는 단점이 무엇인지를 파악해 이를 개선해 나가는 것이 성적향상의 가장 빠른 지름길임을 공부벌레들은 인터뷰를 통해 강조했다. 이는 이 책을 읽는 독자들이 각별히 새겨들어야 할 대목이다.

공부벌레들의 조언에 따르면, 공부에도 '편식'이 존재한다고 한다. 즉 자신이 잘 하는 과목, 좋아하는 과목에 학습시간을 더 할애하고 더 노력을 기울인다는 것이다. 하지만 이는 효과적인 학습이 될 수 없다. 부족한 과목, 싫어하는 과목을 어떻게 공부하느냐가 성적향상, 나아가 대학입시를 좌우한다고 해도 지나침이 없다는 게 공부벌레들의 한결같은 목소리다.

"싫어한다고 해서 공부를 안 할 수는 없잖습니까. 어떻게 하면 제가 싫어하는 과목을 효과적으로 공부할 수 있을까 궁리했어요. 내가 싫어하는 과목을 좋아하는 친구들을 찾아가 그들의 학습 노하우를 듣기도 하고, 나름대로 그들의 학습 태도를 면밀하게 관찰하기도 하면서 공부했습니다. 싫어하는 과목에서는 좋아하는 과목보다 결코 좋은 점수를 얻기가 힘들게 마련이죠. 따라서 부진한 과목에는 전략적인 접근이 매우 중요합니다."

영어 때문에 고민하는 한 이과계열 공부벌레는 이렇게 말했다. 그는 영어를 잘 하는 친구들과 스터디를 짜서 공부했다고 한다. 한번에 좋은 성적을 얻고자 하기보다는 차근차근 영어 그 자체에 재미를 붙이고자 노력했다는 것이다. 그러다 보니 그는 영어를 잘 하는 친구들의 수준만큼 성적을 올릴 수 있었다. 그가 말한 전략적 접근이란 바로 이와 같은 것을 의미한다.

단점을 보완하는 문제만큼이나 중요한 또 하나의 과제가 있다. 바로 '자신감 갖기'다. 자신감이 지나쳐 자만심에 빠지면 결코 안 되겠지만, 자신을 폄하하는 것 또한 공부에 있어 결코 도움이 되지 않는다.

양명고등학교에서 줄곧 전교 수석을 차지하고 있는 윤여빈 학생은 다음과 같이 강조한다.

"넘치는 자신감을 바탕으로 공부해야 합니다. '나 아니면 누가 이 문제를 풀 수 있겠는가!' 등과 같은 약간의 자만심이 공부에 비타민과도 같은 생생한 활력을 제공합니다. 열등감, 자괴감으로 할 수 있는 일은 아무 것도 없습니다."

진성고등학교에 재학 중인 지연미 학생은 공부를 잘 하고 싶어하는 학생들에게 들려주고픈 이야기가 있다고 한다.

"자신을 믿으라고 조언해 주고 싶습니다. 부모님이나 선생님이 자신을 믿어주기 바란다면, 자신이 먼저 자신을 믿을 줄 알아야 해요."

공부는 고도의 멘털(mental) 게임이라고 할 수 있다. 치밀한 전략과 전술, 탁월한 마인드, 그리고 지칠 줄 모르는 체력이 바탕이 될 때 성적향상을 기대할 수 있다. 무엇보다 그 바탕에는 자기 자신과의 싸움, 그리고 그 싸움에서 '승리'가 결정된다.

우리가 만난 공부벌레들은 모두 뚜렷하고 확고한 신념, 그리고 자신만의 공부철학을 갖고 있었다.

03

나만의 스타일을 찾아라

안양고등학교에 재학 중인 장윤우 학생은 2학년 때 전교 석차 200
등 상승이라는 커다란 성적향상을 기록한 바 있다. 마침내 그는 모
의고사에서 전교 1등을 차지했는데, 다음과 같이 강조한다.

"인터넷을 통해 공부 잘 하는 방법에 대한 정보를 수집하곤 합니
다. 그와 같은 정보들을 무조건 따라 하는 것이 아니라 나에게 적합
한 방법이 무엇인지를 선별해 내는 작업이 무엇보다 중요하죠."

해마다 입시철이면 수능시험에서 고득점을 올린 학생들의 '학교
수업과 교과서에 충실했을 뿐입니다' 라는 인터뷰를 접하곤 한다.
이 이야기를 거짓말이라고 생각하거나 재수 없다고 생각한다면 다
시 한번 자신의 생각을 고찰해 볼 필요가 있다. 실제로 그 학생이 그
렇게 공부했는지의 여부는 알 수 없지만, 실제로 학교수업과 교과

서에만 충실한 학습방법이 자신에게 가장 맞춤한 공부방법인 학생들도 분명 있다는 사실을 우리는 공부벌레들과의 인터뷰를 통해 알 수 있었다.

그리고 공부벌레 중에서는 이른바 '재수 없는' 학생으로 찍히지 않기 위해서 쉬는 시간에는 일부러 책을 들여다보지 않는 학생들도 있었다. 또는 음악을 듣는 척 이어폰을 끼고 영어 공부를 하는 학생도 있었다. 이처럼 공부벌레들은 오로지 '공부'만 아는 것이 아니라 학교생활과 교우관계에도 각별하게 신경을 쓰는 학생들이었다.

우리는 공부벌레들의 학습 스타일에 대한 조사의 일환으로 쉬는 시간을 어떻게 활용하는지에 대해 질문을 던졌다.

그 결과, '쉬는 시간조차 공부를 하면 정작 수업시간에 쉽게 피로해지기 때문에 그냥 쉰다'라고 응답한 학생이 있는가 하면 '쉬는 시간에 수학문제 하나를 푼다', '쉬는 시간에 영어단어 10개를 외우면 1년에 1,800개다'라고 말하는 공부벌레들도 있었다.

결국 이는 100명의 공부벌레에게는 100가지의 공부방법이 존재한다는 사실을 단적으로 보여주고 있다 하겠다. 조금씩 나눠서 공부하는 것으로 한꺼번에 공부하는 부담감을 줄이는 학생도 있고, 짧은 시간에 집중적으로 공부하는 학생도 있다.

'전교 1등 하는 그 애는 어떻게 어떻게 공부한다더라….'

아마 학부모들이 가장 관심을 갖는 대목일 것이다. 그런데 불행하게도 이 같은 방법은 내 자녀에게 맞지 않는 경우가 아주 많다. 누구나 3시간만 자고 나머지 시간 모두를 공부에 쏟을 수는 없다. 아주 많은 학생들이 활용하고 있는 보편적인 학습방법이라도 나에게 맞지 않으면 아무 의미가 없다.

예를 들어 박진호(가명) 학생은 아침 7시부터 오후 3시까지 실시되는 학교수업시간에는 잠을 자고, 귀가 후 새벽 5시까지 홀로 공부해 서울대에 진학할 수 있었다. 하지만 이런 방법은 공부벌레들 중에서도 1%에 해당하는 방식이다. 이처럼 특수한 방식을 보통학생들에게 권장할 수는 없다. 하지만 이를 뒤집어 말하면, 이 1%에 해당되는 방식도 어떤 학생에게는 효율적일 수 있다는 것이다.

'그래서 어쩌란 말인가?'

이 같은 짜증을 내기에는 아직 이르다. 중요한 것은 자신의 스타일을 꾸준히 찾고, 일단 그것을 찾았다면 결코 페이스를 잃지 말고, 또 남들의 이야기에 좌우되지 말고 지속적으로 밀고나가라는 것이다. 일단 어떤 방법을 찾아서 그 방법에 익숙해지면, 누구누구가 이야기하는 공부법이 자신에게 맞을지, 안 맞을지에 대해 금방 파악할 수 있다.

자신에게 어떤 공부 방법이 어울릴지에 대해 알아보고자 한다면, 적성과 인성검사를 통해 자신에게 꼭 맞는 학습방법을 소개받을 수도 있고, 학습관련 서적이나 인터넷 포털 학습사이트, 선의의 경쟁관계에 있는 친구들의 방법을 벤치마킹할 수도 있다.

중요한 건 그런 방법들을 '직접' 해봐야 안다는 것이다. 익숙해지기 전에는 자신에게 맞는 스타일을 알 수 없다.

자신이 좋아하는 방법과 싫어하는 방법을 구별하라는 의미가 아니다. 하루 3~4시간씩 자면서 공부량을 늘려나가는 공부벌레도 있고, 8시간을 자면서도 자신이 최대한 집중할 수 있는 시간 동안 공부를 하는 공부벌레도 있다. 아마 대부분의 학생들은 후자의 방법을 선호할 것이다. 좋아하는 방식과 싫어하는 방식을 찾으라는 것이 아니라, 자신에게 맞는 방식과 맞지 않는 방식이 무엇인지 알아야 한다는 것이다.

예를 들어 남들보다 끈기가 있고 차분한 성격의 학생은, 후자의 경우 마음이 흐트러지거나 남들보다 오래 잔다는 죄책감을 가질 수도 있기 때문에 오히려 전자의 방식으로 공부하는 것이 자신에게 맞을 수 있다. 어떤 공부법이건 사용하는 에너지의 합은 같다. 똑같이 힘들다는 말이다. 8시간 학습하는 공부벌레는 8시간 동안 10시간의 에너지를 써서 공부하고, 변화가 많기 때문에 자신의 감정을 잘 조절할 줄 알아야 한다. 모든 공부법에는 장단점이 있고, 그러한 장단점이 자신과 얼마나 일치하는가를 알아야 한다.

모두에게 해당되는 '만능 공부법'은 없다. 다만 자신의 학습 스타일을 이 책에서 제시하는 방법들 중에서 고를 수 있다면, 그 방법에 대해서는 보증을 해줄 수 있다. 왜냐하면 그 방법으로 지금 공부하고 있는, 또 성공적으로 대학에 진학한 공부벌레들이 있기 때문이다.

공부벌레들의 자투리 시간 활용법

공부를 꾸준히 하기 힘든 이유는 무엇일까? 공부하면서 누구나 기대하는 일은 두말 할 것도 없이 성적이 곧바로 오르는 것이다. 그러나 실제로는 성적이 쉽게 오르지 않는다. 특히 기초가 부족한 학생이라면 성적 올리기가 요원하다. 꾸준한 공부가 힘든 이유가 여기에 있다. 공부벌레들은 당장 성취감을 맛보기 힘든 후배들에게 '이륙효과'를 믿어 보라고 조언한다. 성적이 빠르게 오르지 않더라도 절대 포기하지 말고 꾸준히 공부한 다면 언젠가는 놀라운 성적향상의 기쁨을 누릴 수 있다. 또 꾸준히 공부하는 것만이 공부벌레가 되는 지름길이다. 흔한 얘기지만 공부에는 왕도가 없다. 이와 관련해 한 학생의 얘기를 소개하겠다.

"꾸준히 공부하면 처음에는 생각이 잘 오르지 않아도, 마치 비행기가 활주로를 내달리다가 극적으로 날아오르는 것 같은 이륙효과를 얻을 수 있다. 이 같은 효과는 특히 언어과목에서 두드러진다."
– 김현진(대진고 졸업, 서울대 진학)

공부벌레들은 쉬는 시간, 점심시간, 등·하교 시간 등 일명 자투리 시간을 어떻게 활용할까? 자투리 시간을 어떻게 사용하는지 묻는 설문 결과에 따르면, 공부벌레들이 일반 학생보다 등·하교 시간이나 쉬는 시간을 좀더 많이 활용하는 것으로 나타났다. 그러나 큰 차이는 없다. 예컨대 밤잠을 줄여 공부하고 쉬는 시간엔 부족한 잠을 보충하는 것이 자신에게 맞는다면 그렇게 하면 된다. 반대로 밤에는 수면을 충분히 취하고 쉬는 시간에는 예·복습을 할 수도 있다. 결국 자신의 공부 스타일이 중요한 것이다.

대표적인 자투리 시간인 쉬는 시간은 10분이 고작이다. 그러나 대부분의 공부벌레가 이 시간에 '영어 단어 암기', '수학 문제풀이'를 하는 것으로 나타났다. 또 10분이란 시간을 활용해 '10분짜리 영어 지문'을 푸는 학생도 있었다. 쉬는 시간에도 공부하고 싶지만 친구들의 눈치나 분위기 때문에 못 하는 학생도 종종 있다. 공부벌레 중 한 학생은 "음악을 듣는 척하며 MP3를 이용해 영어회화를 듣는다"고 소개하기도 한다.

공부벌레들이 말하는 자투리 시간 활용은 다음과 같다.

- 쉬는 시간이나 점심시간에는 숙제나 축구·농구 등의 운동을 한다.
- 친구들과 잡담하거나 잠을 잔다.
- 아침 등교시간에는 버스 안에서 잠을 자고 하교시간에는 책을 읽거나 음악을 듣는다.
- 쉬는 시간과 점심시간에는 단어장을 보고, 등·하교 시간에는 MP3로 영어 리스닝을 한다.
- 등·하교시간의 동선은 시간과 체력을 아끼기 위해 최대한 짧게 만든다. 걸어갈 수 있는 거리라도 버스를 탄다.
- 쉬는 시간 10분 동안 단어 10개를 외운다면, 하루에 60개, 한 달이면 1,800개다.

04

'성취감'이 공부벌레를 만든다

공부벌레들을 인터뷰하다가 발견한 흥미로운 사실이 하나 있다. 자신이 공부에 재능이 있다는 것을 우연하게 알게 되었거나, 또는 매우 늦게 발견하는 경우가 많다는 것이었다. 최근 사람들 사이에서 영재발굴, 영재교육, 영재검사 등의 표현이 자주 입에 오르내린다. 우리가 생각하기에 공부에 재능이 있는 영재는 아주 어릴 때 발굴되어 고도의 학업성취를 꾸준히 길러나가는 것이 아닌가 하지만, 사실 어려서부터 공부에 두각을 나타내다가도 중간에 이름 없이 흐지부지되고 마는 경우 또한 많이 볼 수 있다. 반면에 어릴 때는 그저 그런 정도의 수준을 유지하던 학생들이 갑자기 수재의 대열에 합류, 가파르게 치고 올라오는 경우가 있다.

이는 학생들이 어떤 우연한 계기를 통해 비로소 자신의 능력을 깨닫고 공부에 눈을 뜬다는 의미다.

"제가 공부에 어떤 남다른 능력이 있는지, 정말 잘 몰랐습니다. 그러다가 중학교 때 월말고사를 보았는데 반에서 1등을 했습니다. 물론 아무도 예상치 못한, 나 자신도 기대하지 않았던 뜻밖의 결과였죠. 당시 저는 반에서 10~15등 정도 하고 있었거든요. 한번 1등을 하고 나니까, 그 짜릿한 맛을 정말 잊기가 어렵더군요. 그 후로는 재미가 나서, 신이 나서 공부할 수 있었습니다."

우연이든 실력이든, '성취감'을 맛보았다는 것, 그리고 그 성취감 후에 따라오는 자신감이 우리가 인터뷰한 공부벌레들의 가장 강력한 장점 중 하나였음을 부인할 수 없다.

따라서 이 책을 읽는 학부모들은 자신의 자녀에게 '어, 하니까 되네?' 하는 경험을 만들어주어야 한다. 아주 탁월한 성적을 한번 올리게끔 물심양면으로 지원을 아끼지 않아야 한다. 한번 탁월한 성적을 올린 경험을 한 학생은 그 성적을 유지하기 위해 효과적인 학습방법을 선택하게 되고, 집중력을 동원해 공부에 매진하게 된다는 게 공부벌레들의 공통적인 설명이었다. 이를 각별히 명심해야 할 것이다.

서현고등학교 전교 1등 최정윤 학생은 자신이 공부에 눈을 뜬 계기로, 뜻밖에도 중학교 3학년 때 학교에서 강제로 실시했던 야간자율학습을 들었다. 당시 선생님은 다음과 같이 말씀하셨다고 한다.

"공부를 안 해도 좋습니다. 답을 보고서라도 문제 파악능력을 기르세요."

흔히 답을 보고 하는 공부는 좋지 않은 학습방법이라고 여기는데, 오히려 최정윤 학생은 이 같은 방법을 통해 성적향상을 불러올 수 있었다. 오랜 기간 동안 성적이 꾸준히 오르자, '잘 할 수 있다'는 자신감을 가질 수 있었고, 이를 바탕으로 지속적으로 열심히 공부할 수 있었다고 한다.

최정윤 학생은 만일 그 자율학습 시간이 없었다면 현재의 학업성취는 꿈도 꾸지 못했을 것이라고 잘라 말한다. 공부는 좋아하지만 꾸준한 학습습관을 들이지 못해 고민했던 최정윤 학생은 오히려 외부의 강제적 요인을 통해 자신만의 학습방법을 터득한 사례라고 할 수 있다.

여기에서 주목할 점이 하나 있다. 한번 선택한 학습습관을 통해 공부에 있어 여전히 '자신감'을 갖지 못하게 된다면, 과감하게 학습습관을 바꿔야 한다는 것이다. 우리가 만난 공부벌레들은 대부분 자신의 학습습관을 꾸준히 유지할 수 있었던 비결로 '자신감'을 들었다. 따라서 자신감을 영 갖지 못하는 학생들은 일단 자신의 학습습관을 꼼꼼하게 다시 한번 점검할 필요가 있다.

앞에서 소개한 민병훈 학생. 그는 중학교 시절에 우연히 시험을 한번 잘 본 후, 공부에 대한 생각이 180도 바뀌어 특목고 진학 등 인생의 목표를 새롭게 설정한 사례다.

'선(先)성취 후(後)학습'이란 바로 이 같은 경우를 말한다. 공부는 그 자체로서 의미가 있고 즐겨야 하는 것이긴 하지만, 아쉽게도 그렇게 순수한 동기만을 갖고 공부하기는 힘들다. 실력향상을 통해 지속적인 성취감을 느껴야 하고 전교 등수가 오르는 등 구체적이고 눈에 보이는 만족감을 얻을 수 있을 때 비로소 꾸준히 공부할 수 있다. 우연히 성취감을 맛본 학생은 그 열매가 달다는 사실을 알게 되고, 친구들과의 놀이문화보다 학업에서 오는 기쁨이 더 크다는 사실을 점점 확실하게 깨닫게 된다.

현재 세상 어떤 것보다 재미 없고 지루하고 따분한 것으로 공부를 느끼고 있는 학생들은 아쉽지만 여전히 성취의 열매를 아직 수확하지 못한 사람들이다. 물론 우연한 기회에 공부에 눈을 뜨게 되는 행운은 아무에게나 주어지는 것은 아니다. 하지만 공부벌레들은 한결같은 목소리로 당부한다.

"기대만큼 성적이 오르지 않는다고 해서 너무 실망하거나 공부를 포기해서는 안 됩니다. 늘 공부의 주변에서 크게 벗어나지 말아야 합니다. 그러다 보면 어느 날 문득 공부가 자신의 가장 큰 확신과 기쁨으로 다가와 줄 겁니다. 그 때 자세를 바꿔 공부에 정진하면 좋은 결과를 지속적으로 얻을 수 있을 겁니다."

05

스스로 발전하고 있다고 느껴라
- '전교 석차 200등 올리기' 프로젝트

공부에 흥미를 느끼고 꾸준히 몰두할 수 있는 자세를 갖는 것은 성적을 향상시키는 데 가장 효과적인 방법이다. 학습에 관한 연구를 하는 학자들은 학업성취도에 영향을 주는 요인으로 크게 지적 능력, 공부습관을 결정짓는 성격, 그리고 동기와 의욕 등과 같은 정서적인 측면의 세 가지 요인을 꼽는다.

그 중에서도 요즘은 꽤나 진부한 개념으로 들리는 IQ는 실제 중·고등학교 시절의 학업성취도에 많은 영향을 주지 못한다는 것이 상식처럼 여겨지고 있으며, 성격이라는 것도 학습행동의 유형을 결정짓기는 하지만 쉽사리 바꾸기 힘들다는 점 때문에 커다란 향상의 요인으로 작용하지 못한다. 그렇게 보면 정서적 요인 한 가지만 남는다. 이러한 동기나 의욕의 고취가 학업성취에 영향을 주는 정도는 다른 것들에 비해 월등히 크다고 알려져 있다.

우리는 가끔 주위에서 성적이 갑자기 부쩍 향상된 학생들 이야기를 접하곤 한다. 언론의 조명을 받은 수재들도, 어렸을 때는 공부에 그다지 재능을 보여주지 못했다는 기사들 일색이다. 그러다가 어떤 특별하면서도 우연한 계기를 겪게 된다. 그러한 사건은 학생 본인에게 커다란 정서적 감동을 주거나 정신력을 일깨워주는 기회일 경우가 많다. 비록 어느 정도 미화되고 과장된 면이 있다고 하더라도 성적 폭의 급상승 가능성은 충분히 있을 수 있다는 것을 사람들은 믿고 또 그러한 경우를 종종 보아왔다.

인터뷰 도중 가장 인상 깊었던 공부벌레 두 명을 소개해 보자.

한 학생은 고등학교 2학년 때 미국의 명문학교들을 탐방하는 TV 다큐멘터리 프로그램을 통해 아이비리그 유학을 결심하게 된다. 그는 이 같은 목표를 위해 전교 석차를 무려 200등가량이나 올린 학생이었다.

그리고 또 다른 한 학생은 중학교 2학년 시절까지 성적이 최하위권을 맴돌았다. 그러다가 부모님이 힘겹게 일하시는 것을 보고, 또 부모님이 힘겨운 생계를 꾸려가면서도 자식을 위해 헌신하고 늘 미소를 잃지 않으신다는 사실을 새삼 깨달은 후 비로소 공부를 시작, 자타가 공인하는 공부벌레가 되었다.

꾸준히 성적이 오르는 학생과는 달리 이처럼 갑자기 성적이 오르는 경우의 학생들은 무엇보다 어떤 방식으로든 '동기 부여'가 되었다는 점에서 각별한 주목이 요구된다. 한번쯤 최선을 다해 걸어 볼 인생의 목표가 갑자기 생겨서, 또 문득 부모님께 죄송한 마음이 들어 '그래, 공부를 열심히 해야겠다'는 마음을 먹게 되었다는 것이다.

따지고 보면 이 같은 마음을 굳게 먹고 공부를 열심히 하겠다고 생각하는 학생들은 많다. 그리고 며칠 동안은 정말 열심히 공부한다. 하지만 공부벌레가 된 학생들과 결국 며칠 가지 못한 학생들 사이에는 커다란 차이가 있다. 공부벌레들에게는, 처음에 공부를 해야겠다고 결심하게 된 동기 부여 요인(Motivating Factor) 외에도 그것을 지속시킬 수 있는 유지요인(Maintenance Factor)이 있었다는 사실을 유념하기 바란다.

아이비리그 유학으로 동기를 부여받은 학생의 경우에는 '전교 20등 안에 들면 유학을 보내주겠다' 라는 부모님의 약속이 유지요인이 되었고, 부모님께 죄송한 마음이 들어 공부를 결심한 학생의 경우에는 '과학고에 진학해야겠다' 는 목표가 유지요인으로 작용했다.

재미있는 사실은, 첫번째 학생의 경우 전교 20등 안에 들었지만 정작 부모님은 약속을 지키지 않았다. '설마 전교 20등 안에 들까?' 하는 의문이 컸던 탓에, 미처 유학 여건을 마련하지 못했던 것이다. 하지만 그 학생은 그간 자신의 실력을 온전하게 신뢰할 수 있게 되었다. 그래서 유학을 보내주는 대신 학교를 자퇴하게 해달라고 부탁했다. 너무도 진지한 모습에 부모님도 결국 수락했고, 그는 현재 서울대 진학을 목표로 차근차근 길을 밟아나가고 있다. 두번째 학생의 경우에도 과학고 진학에는 실패했다. 하지만 흔들림 없이 여전히 열심히 공부하고 있다고 밝혔다. 결국 동기 부여 요인이 유지요인에 의해 지속되고, 어느 정도 '성취' 를 이루게 되면 그 후에는 동기 부여 요인과 유지요인 없이도 '성취감' 과 '자신감' 만으로 열심히 공부할 수 있게 된다는 것이다.

그렇다면 실제 공부벌레들이 어떤 방식으로 인생의 전기를 마련할 수 있었는지를 살펴보자. 우리는 앞에서 소개한 장윤우 학생의 경우를 주목했다.

"무엇보다 먼저 저는 목표설정의 단계로서 제가 정말 하고 싶은 일, 진정 되고 싶은 모습을 그려보았습니다. 그리고 나서 동기고취의 단계로서 이렇게 정한 목표를 틈만 날 때마다 떠올렸습니다. '나는 정말 최고경영자(CEO)가 되고 싶다. 한 회사의 대표이사가 된 나의 모습은 얼마나 멋질 것인가!'"

인간은 자신의 정서와 감정을 적절하게 조절할 수 있는 능력을 갖추고 있다. 따라서 반복적으로 자기확신을 주는 것은 분명 학습에 도움이 된다. 마지막 단계는 방법론의 단계로서 세부적인 계획을 세우고 실천하는 과정이다.

장윤우 학생은 CEO가 되기 위한 가장 좋은 길은 무엇이고, 어떻게 하면 거기에 도달할 수 있는가를 궁리하면서 지금 당장의 행동지침을 구체적으로 설정했다고 한다. 틈틈이 경제경영 분야의 서적을 읽고, 경제신문의 인상 깊은 CEO 칼럼들을 스크랩하는 등 자신의 목표를 향해 다가가는 노력을 게을리하지 않았다. 이 같은 과정에서 목표에 대한 확신이 서면 그 다음에는 몸을 던져 그 일을 성취해내는 일만 남는다.

숙지고등학교에 재학 중인 이효근 학생은 중학교 1학년 때 전교 50등이라는 충격적인 성적표를 받아들고는, 스스로에게 견딜 수 없이 화가 났다고 한다. 그리고 이 같은 '화' 가 공부에 매달리게 하는 데 결정적인 역할을 했다는 것이다. 이는 누구나 갖고 있는 자기성취의 기준에 심각하게 미치지 못하는 현실에 자극을 받아 실천으로 옮긴 경우다. 우연히 시험을 잘 치른 후 신이 나서 공부에 매진하기 시작했다는 민병훈 학생은, 스스로의 자질이 공부에 있다는 것을 뒤늦게 깨닫고는 남다른 흥미와 비전을 갖고 공부에 매진한 사례다. 이른바 '충격'을 받고 행동이 바뀌는 경우에 비해 매우 행복한 학생이라고 볼 수 있다.

마지막으로 박태윤 학생은 중학교 때 전교 100등 바깥에 머물다가 공부를 잘 하는 친구에게 자극을 받아 고등학교에 진학해서는 본격적으로 공부에 매진했다고 한다. 이는 경쟁심을 통한 동기 부여의 대표적인 사례로서 자아존중감이 높은 학생들에게서 많이 찾아볼 수 있는 경우다. 이 경우에는 경쟁상대가 없어지면 자칫 흥미를 잃을 수도 있다는 단점이 존재한다. 따라서 경쟁심을 통한 동기가 자연스럽게 자아실현의 동기로 옮겨갈 수 있도록 스스로 노력해야 한다.

"스스로 발전하고 있다는 느낌을 갖는 것이 무엇보다 중요합니다."

박태윤 학생은 이와 같은 점을 누누이 강조했다. 지속적인 발전과 자기혁신을 통해 좀더 경쟁력 있는 사람으로 거듭나겠다는 의지가 중요하다는 것이다.

경쟁력 있는 삶을 살겠다는 자세는 공부에서 뿐만 아니라 인생 전반에 걸쳐 학생들이 명심해야 할 가치관이 아닐까 싶다.

공부벌레들과의 인터뷰를 통해 우리는 동기 부여의 양상을 다음과 같이 정리할 수 있었다.

1. 목표설정과 이에 도달하기 위한 노력을 통한 동기 부여(비전에 바탕한 동기 부여)

2. 자기극복을 위한 노력에서 비롯된 동기 부여

3. 자존감을 갖고 자신의 가능성을 높게 평가하는 자세를 통한 동기 부여

4. 남보다 더 발전하고자 하는 욕구를 통한 동기 부여

이렇게 양상은 다르지만 우리가 정서적 변화를 통해 얻고자 하는 것은 성향을 변화시켜서 결국 다른 사람으로 새롭게 태어나고자 하는 것이다. 사람은 '경험'을 통해 성숙하는 존재다. 우리의 정서를 변화시키는 데에는 경험보다 더 효과적인 것은 없다. 백 마디 말보다 한 번의 경험이 더 중요하다는 사실을 우리는 현실에서 얼마든지 찾아볼 수 있지 않은가.

따라서 학생들은 가능한 한, 시간이 허락하는 한 다양한 경험을 하는 것이 좋다. 실제로 공부벌레들은 공부 말고도 자신의 목표 분야에 대해 적극적인 활동을 벌이고 있었다. 이는 자신이 왜 공부해야 하는지에 대한 당위성을 제공해 준다. 무작정 하루종일 책과 씨름하는 것이 아니라, 정확한 목표를 설정하고, 이것이 진정 내가 바라는 목표인지 끊임없이 확인하고 검증하는 작업을 수행하고 있었다. 관심분야, 목표분야에 대한 꾸준한 사회적 교류(전시회나 축제 참가 등)를 통해 책에서 배우는 지식 외에 세상에서 경험하는 견문의 폭을 지속적으로 넓혀가고 있었다.

우리나라는 보수적인 교육현실을 갖고 있기 때문에 학생들의 다양한 경험은 매우 제한받을 수밖에 없다. 따라서 안타깝지만, 학생 본인이 적극 기회를 찾아나서지 않으면 안 된다. 또한 학부모들은 이와 같은 현장 학습에 기꺼이 도움을 줄 수 있어야 한다.

공부벌레들은 일정한 정서적 변화를 통해 자기 자신을 새롭게 구

성하고 발전시켜 나갔다. 지금껏 유지해 왔던 가치관, 신념, 태도가
경험 속에서 다시 새롭게 태어나 인생 전반을 이끌어나갈 수 있는
좋은 동력으로 자리잡을 수 있을 때 학업성취도 또한 높아질 것으로
확신하는 바다.

06

나만의 방식으로 학원수업을 200% 활용하라

최근 몇 년 간 사교육비 문제로 나라 전체가 시끄럽다. 사실 사교육 문제는 공교육이 부실하기 때문에 자연스레 생기는 현상이건만 늘 미봉책으로 사교육 억제정책을 시행하려고만 하지, 공교육을 획기적으로 개선하는 대책은 나온 적이 없는 것 같다. 특정 학생을 위한 답안지 조작, 내신 조작, 일진회를 통한 학교 폭력 등 이대로 내버려두면 더 이상 회복할 수 없는 상황으로 내몰릴 수밖에 없는 것이 공교육의 현실이다.

'뭐, 일부만 그렇지 않겠는가?' 라고 항변하는 사람들도 많겠지만, 교육과 관련된 불미스러운 일은 일부라도 나와서는 결코 안 된다. 성공적인 코스닥 상장을 통해 커다란 성장을 이룩한 메가스터디의 손주은 대표는 언론과의 인터뷰를 통해 "교육 정책이 바뀔 때마다 나에게 새로운 기회가 생겨났다"는 뼈 있는 주장을 한 바 있다. 이는 시사하는 바가 매우 크다.

최근 《공부 잘하고 싶으면 학원부터 그만둬라》라는 책이 세간에 화제가 된 적 있다. 책제목만 놓고 보면, 이는 학부모들이나 공교육을 관장하는 사람들이 꼭 듣고 싶은 이야기이기 때문이다. 정말 학원을 그만두면 공부를 잘 할 수 있을까? 공부벌레들에게 학원에 대한 생각을 물어보았다.

우리는 공부벌레들이 학원수업에 의존하기보다는 스스로 공부하는 학습방식을 선호할 것이라고 짐작했었다. 하지만 그들의 생각은 우리의 생각과 사뭇 달랐다.

"중학교 첫 중간고사에서 전교 70등을 했어요. 많이 실망했죠. 그래서 처음으로 학원 문을 두드렸는데, 학원을 통해 노트 정리법, 교과서 읽는 법, 도식화해 나가는 방법 등을 체계적으로 배울 수 있었어요."

"학원 선생님은 공부에 있어 가장 도움이 되는 분입니다. 수업뿐 아니라 생활에 대해서도 자상하게 조언해 주시거든요."

"학교와는 달리 학원에서는 수준별 반 편성을 합니다. 따라서 실력 있는 친구들끼리 모여서 공부하니 효과가 좋았죠. 수업분위기부터 틀립니다. 마음이 잘 맞다 보니 잘 어울리게 되었고, 그만큼 추억도 많이 쌓았습니다."

"학교에서는 질문 한번 하려면 선생님 눈치, 반 아이들 눈치 등 이것저것 신경 쓸 게 많아요. 하지만 학원에서는 궁금한 걸 바로바로 질문할 수 있어요."

"중학교 때는 종합학원을 다녔는데 시험기간에는 예체능 과목까지 가르쳐줄 정도로 철저하게 성적관리를 해줬어요. 그러다가 공부 잘 하는 아이들을 위한 경시반에 들어가 심화학습을 했습니다."

공부벌레들은 사용자 입장에서 '학원' 이라는 시스템을 효율적으로 이용하고 있었다. 이는 보통학생들이 눈여겨보아야 할 특기할 만한 사실이다. 초기에 전반적인 개념을 잡아야 할 때라든가, 단기간에 빨리 끝내고 싶을 때, 다른 사람의 문제 푸는 요령을 배우고 싶을 때에 학원을 다닌다고 공부벌레들은 밝혔다.

"학원은 전체적인 안목과 틀을 잡아주는 곳이라 생각해요. 물론 세부적인 것은 스스로 해야죠."

"저는 새로운 지식 습득을 위해 학원에 다니는 것이 아니라 문제를 푸는 스킬(skill)을 위해서 다녀요."

또한 학원에만 의지했을 경우의 부작용에 대해서도 공부벌레들은 조언을 잊지 않았다.

"6월 모의고사에서 점수가 많이 안 나오더라고요. 원인을 분석한 결과 학원에 시간을 많이 뺏긴 나머지 나 스스로 정리할 시간이 부족했다는 것을 깨달았죠."

"고등학교 1학년 때 학원에서 시키는 것만 했어요. 학원을 너무 믿었던 것을 나중에 후회했어요. 나에게 맞는 공부가 중요하거든요. 그런 면에서는 과외가 훨씬 더 도움이 된 것 같아요."

결국 공부벌레들은 보통학생보다 자기주도적 학습이 뛰어나긴 하지만, 자기주도적 학습에 뛰어난 것과 학원을 다니는 것은 별개의 문제라는 이야기다. 예를 들어 서로 엇비슷한 수준의 자기주도적 학습능력을 가진 두 학생이 있다고 가정하자. 둘 다 경제과목에서 선뜻 이해하기가 만만치 않은 '한계효용의 법칙' 에 대해 배운다고 생각해 보자. 한 학생은 학원 선생님에게서 그 법칙에 관한 전체적인 틀을 배운 다음 집에서 스스로 열심히 응용문제를 풀고, 학원에 다니지 않는 다른 학생은 처음부터 이 법칙을 스스로 이해하고자 많은 시간을 들인다고 생각해 보자. 과연 어느 학생이 더 효율적으로 학습하고 있는 것일까?

사교육, 즉 학원이 심각한 사회문제로 떠오르는 이유는, 학원에서 배우는 것이 공부에 도움이 안 돼서가 아니다. 학교에서 배워야할 것들을 왜 학원에서 또 배워야 하느냐의 문제가 심각한 것이다. 국가 전체로 보면 중복투자인 셈이기 때문에 사회문제로 대두되는 것이다. 따라서 공교육 시스템을 크게 개혁해야만 한다.

결론적으로 공부벌레들은 학원을 현명하게 활용할 줄 안다. 그리고 주로 중학교 3학년~고등학교 1학년 사이에 학원을 많이 다니는 것으로 나타났다. 고등학교 2~3학년에 이르러서는 학원수업보다는 스스로 공부하는 시간을 지속적으로 늘려나가는 양상을 보였다. 기초단계에서는 앞선 지식을 전수받되, 기초가 서면 응용 부문은 자기 스스로 하겠다는 매우 현명한 학습 패턴을 갖고 있었다.

이처럼 공부벌레들은 자신의 학습방법을 선순환으로 만드는 데뛰어난 재능을 갖추고 있었음을 알 수 있었다.

07

외국어고등학교의 공부벌레들

2004년 10월 교육인적자원부는 대학입학 전형에서 내신의 비중을 강화하겠다는 취지를 적극 반영한 이른바 '2008학년도 이후 대입제도 개선안'을 발표했다. 이에 직접적으로 영향을 받은 학교들이 있었다. 즉 몇몇 기숙사형 학교를 제외하고는 대부분의 외국어고등학교 신입생 모집 경쟁률이 전년에 비해 심각하게 떨어졌다는 것이다.

특히 서울에 소재하고 있는 6개 외국어고등학교의 경우 일반 전형 전체 경쟁률이 4.07 대 1로서 2004학년도의 6.41 대 1에 비해 40% 가까이 떨어진 것으로 나타났다. 이는 대입에서 의대·법대 등 인기학과를 지원하는 데 있어 내신에서의 불이익이 커질 것으로 예상되면서 나타난 현상이다.

아무래도 우수한 학생들이 모여 함께 경쟁을 하다 보면, 만족할 만한 내신성적을 받기가 힘들 수도 있기 때문일 것이다. 게다가 내

학교명	2004년	2005년	학교명	2004년	2005년
대원외고	6.04	4.34	고양외고	4.71	2.12
대일외고	7.95	4.99	과천외고	5.25	2.89
명덕외고	3.53	3.32	명지외고	9.56	4.88
서울외고	5.45	4.02	안양외고	4.73	2.13
이화외고	8.28	2.41	용인외고	신설	7.75
한영외고	8.30	4.73	동두천외고	신설	1.76

서울 및 경기도 소재 외고 전체 경쟁률

자료: 서울시 교육청, 경기도 교육청

신의 비중이 더 커지게 되는 2008학년도에 처음으로 대학입시를 치러야 하는 학생들에게는 큰 부담이 아닐 수 없었을 터다. 하지만 세상 모든 일이 그러하듯이, 잃는 것이 있으면 얻는 것도 분명히 있다. 이는 외고에 진학하는 문제에도 동일하게 적용될 수 있다.

일반 고등학교와는 비교할 수 없는 수업분위기와 훌륭한 시설, 실력을 갖춘 교사, 또는 졸업하고 사회에 진출했을 때의 훌륭한 인적 네트워크 형성 등은 특목고에 진학함으로써 누릴 수 있는 혜택이라고 할 수 있겠다.

우리가 인터뷰한 공부벌레들 가운데서도 외고에 재학 중이거나 졸업한 학생이 다수 포함되어 있었다. 이들 학생과의 인터뷰 결과도 위의 사실들을 입증해 준다.

가장 두드러진 특징을 나타낸 항목이 바로 학교수업 만족도를 평가하는 질문이었다. 공부벌레들 중에서 유일하게 100점 만점을 준 학생은 바로 한영외고 해외진학반에 재학 중인 한승원 군이었다. 유학반 수업을 다른 곳에서는 받기 어렵다는 특이점은 제쳐두고라도 학교수업에 100점 만점을 준 것은 매우 이례적인 일이 아닐 수 없다.

"솔직히 저는 수업시간에 거의 집중하지 않았습니다. 그저 수업 시간에도 제가 정한 학습 진도에 맞추어 스스로 공부해 나갔죠. 부족한 부분은 학원에서 보충했고요. 이런 말씀 드리면 어떨지 모르겠지만, 일반 고등학교에서 뛰어난 수업분위기를 기대하기란 매우 어렵습니다. 저뿐 아니라 공부 좀 한다 하는 친구들은 대체로 수업에서 뭔가 얻는다는 것에 부정적인 생각을 갖고 있습니다."

일반 고등학교에서 혼자 공부하다시피해 서울대에 진학한 공부벌레가 우리에게 털어놓은 경험담이다. 참으로 씁쓸해지는 기분을 감출 수 없지만 부인하기 어려운 현실이다. 이처럼 현실적으로 일반고와 특목고 사이에는 커다란 차이가 있다. 공부벌레들은 이를 솔직하게 인정한다.

외고의 해외진학반이 아니더라도 외고를 다니는 학생들은 일반고 학생들이 학교수업에 주는 점수(평균 60점)보다 훨씬 높은 점수(평균 85점)를 주고 있는 것으로 나타났다. 이는 우수한 학생들이 모인 진지한 수업분위기와 이를 뒷받침해 주는 선생님의 열의에서 나온 결과라고 풀이할 수 있을 것이다.

재학생들이 말하는 외고의 장점

1. 우수한 학생들과 선의의 경쟁을 벌일 수 있다

외고 재학생들은 대부분 중학교 시절 공부에 있어서는 타의 추종을 불허해 왔던 영재들이다. 하지만 외고에 진학해서는 사정이 달라진다. 자신보다 공부를 더 잘 하는 학생들을 얼마든지 만날 수 있기 때문이다. 따라서 스스로의 실력과 위치에 안주해 있을 겨를이 없다. 한영외고 해외진학반에 재학중인 정혜윤 학생은 말한다.

"공부로 경쟁할 수 있는 상대가 있다는 게 좋아요. 아마 일반 고등학교에 진학했었다면, 내가 제일 공부를 잘 한다는 자만심에 빠져 공부에 소홀했을 가능성이 있었을 듯해요."

2. 수업분위기가 좋다

앞에서 소개한 한승원 학생이 학교수업에 100점 만점을 준 것은 우연이 아니다. 그 어느 학교보다 수업 내용이 알차고 진지하게 이루어진다. 보통 밤 10시까지 실시하는 야간자율학습도 거의 예외 없이 모든 학생이 참여를 해야 하지만, 분위기가 흐트러지는 일은 없다는 게 한승원 학생의 귀띔이다. 이 같은 면학 분위기가 학생들의 실력을 최대한 상승시키는 효과적인 촉매제 역할을 한다.

3. 학부 유학을 준비할 수 있다

현재 외국의 대학교로 바로 유학을 갈 수 있도록 지원해 주는 곳은 민족사관고등학교의 국제반과 외고의 해외진학반뿐이다. 이 중에서도 대원외고의 해외진학반은 외고 가운데서도 가장 오랜 역사를 자랑한다. 1998년에 해외진학반을 처음으로 개설하여 2000년에는 미국 대학에 9명을 합격시키는 등 현재까지 200여 명의 학생이 해외진학반을 통해 외국의 대학에서 공부를 하고 있거나 진학을 준비 중에 있다.

	대원	대일	서울	이화	명덕	한영
개설년도	1998년	2001년	2001년	2002년	2002년	2002년
재학생 1학년	140명	26명	3명	30명	18명	40명
2학년	82명	16명	8명	9명	3명	33명
3학년	65명	10명	6명	14명	18명	17명
한 달 수강료	30~40만 원	30~40만 원	60~70만 원	50~60만 원	30~40만 원	30~80만 원
수업시간	주 3일	주 5일	주 2일	주 2~5일	주 3~4일	주 6일
	15시간	20~25시간	8시간	15~20시간	11~20시간	20~29시간
유학반 담당교사	7명	4명	1명	1명	2명	1명
외부 강사	13명	12명	2명	9명	6명	14명
전교생 대비 지난해 해외대학 진학률	15%	6%	0.8%	6%	1%	9%
특징	영어교육 커리큘럼 체계적	철저한 담임 지도	모든 사항 학부모 자율 결정	유학반 전원 태권도 수준급	맞춤 상담 지도	AP 이과 과목 강세

서울 지역 6개 외고 유학반 비교

출처 : 〈서울신문〉 2005년 4월 6일

　내신의 비중이 늘어나게 되는 새로운 대입제도 아래에서 외고의 본질적인 기능을 잘 활용할 수 있는 학생들이 외고에 진학하는 것이 어쩌면 순리일 것이다. 그 중 하나가 대학을 바로 외국으로 나가는 해외진학반일 것이고, 다른 나머지 하나는 외국어에 대단한 흥미나 소질을 갖고 있는 학생들의 진학일 터다. 후자의 경우에는 2008학년도부터 실시될 예정인 동일계열 특별전형을 통해 내신의 불리함을 어느 정도는 완화할 수 있을 것이기 때문이다.

재학생들이 말하는 외고의 단점

1. 내신성적에서 불리하다

외고의 태생적인 한계일 수밖에 없다. 결국 최상위권 학생들이 1~2점으로 당락이 결정되는 대학입시에서는 불리함이 존재할 수밖에 없다.

이화외고에 재학 중인 이윤주(가명) 학생의 말을 들어보자.

"서울대는 이미 포기했어요. 내신성적의 실질 반영률이 높지 않다고는 하지만, 수능 문제가 쉽게 출제되면 내신에서 잃은 점수를 만회할 수가 없기 때문이죠. 지금도 내신이랑 영어실력이 걱정입니다."

2. 외국어 공부에 대한 부담이 있다

외고에는 유독 외국에서 거주한 경험이 있는 학생들이 많다. 입학전형에서 외국어 실력을 강조하다 보니 나타난 자연스러운 결과라고 할 수 있겠다. 한 반의 절반 가까이가 외국에서 장기간 거주했거나 방학 등을 이용해 해외에서 수업을 듣고 온 경험을 갖고 있다. 그러다 보니 가뜩이나 외국어 수업이 많은 외고에서 준비가 불충분한 학생들은 공부 부담이 더 클 수밖에 없다. 참고로 외고 1학년의 경우 영어문법, 영어독해, 영어회화, 영어 듣기, 전공어문법, 전공어회화 등의 수업시간을 모두 따지면 1주일에 15시간은 외국어 공부에 할애해야 한다.

3. 스트레스를 많이 받을 수 있다.

많은 외고 재학생들이 우수한 친구들과의 경쟁에서 오는 스트레스를 받고 있다. 결국 원하는 만큼 성적이 나오지 않거나 명문대학 진학에 대한 불확실성이 학교에 대한 부적응을 불러오는 경우도 있다. 심지어 일반 고등학교 전학을 고려하고 있다고 털어놓은 공부벌레들도 꽤 많았다.

한영외고에서 학년 수석을 유지하고 있는 신혜진 학생은 다음과 같이 말하며 웃는다.

"입학할 당시에는 못 버티면 전학 가겠다는 생각을 하면서 들어왔죠. 물론 지금은 전학 갈 생각은 없지만요."

또 한영외고 해외진학반에서 공부하고 있는 곽민석 학생은 모교에 대한 남다른 자부심을 나타낸다.

"제아무리 공부에 뛰어난 학생일지라도 성적이 떨어질 수 있죠. 하지만 이는 전혀 이상한 경우가 아니에요. 그런 학생들이 경쟁하는 곳이 바로 외고거든요."

물론 인터뷰에 응한 공부벌레 가운데에는 이미 명문대학에 합격했거나 학교 부적응 없이 공부를 잘 하고 있는 학생들도 많았다. 그들에게서는 내신성적의 불리함에서 오는 스트레스를 거의 찾아볼 수 없었다.

결론적으로 말하면, 내신성적의 불리함이 자신의 공부에 큰 부담으로 작용한다면 미련 없이 일반고 전학을 결정해야 한다는 것이다. 그렇지 않다면, 대학진학과 같은 단기적 목표보다 좀더 자신의 미래를 현명하게 설계할 수 있는 커다란 목표를 세운 후 일로매진하라는 충고를 외고 출신 공부벌레들은 아끼지 않았다.

공부벌레들도 참기 힘든 유혹

공부벌레들이 공부하기 가장 힘든 때는 언제일까? 무엇보다 '수능에 대한 압박이 심한 고등학교 3학년 때가 아닐까'라고 예상할 것이다. 그러나 예상은 보기 좋게 빗나갔다. 흔히 공부하기 가장 힘든 시기로 고등학교 3학년이나 중학교 3학년 같이 어떤 결정을 내려야 하는 때를 짐작하기 쉽다. 하지만 학생들은 고등학교 1학년 때를 가장 힘들어 한다. 아닌 게 아니라 이 때가 실력의 격차가 크게 벌어질 수 있는 시기이다. 공부벌레들도 공부하기 가장 힘든 시기로 고등학교 1학년 때를 꼽는다. 위에서도 언급한 바처럼 공부벌레들이 가장 힘들어 하는 이유는 '성적 하락과 경쟁에 대한 부담'이 크기 때문이다. 그 밖의 공부벌레들이 털어놓는 공부하기 힘든 경험으로는 진로 문제, 가정환경 문제, 건강 문제 등이 있다. 또한 '그냥 공부가 안 돼서 힘들었다'고 말하는 학생들도 많다.

40% 이상의 학생이 컴퓨터 이용, 친구 만나기, TV 시청보다 잠을 참는 것이 가장 힘들다고 털어놓는다. 학생들의 공부를 방해하는 가장 큰 유혹은 '잠'이다. 생리적인 현상을 극복하기란 쉽지 않다. 잠을 참는다는 것은 공부벌레를 비롯한 모든 학생에게 큰 고통이다. 그렇다면 공부벌레들은 잠이 쏟아질 때 어떻게 대처할까? '잠시 일어나 걷다가 다시 공부한다', '녹차를 마신다', '세수를 한다'는 등의 여러 가지 반응이 나왔지만 가장 많은 대답은 "졸릴 때는 그냥 자고 다시 일어나 공부한다"였다. 졸음을 참으며 억지로 공부하느니 단 몇 분이라도 잠을 자고 맑은 정신으로 다시 공부하는 것이 낫다는 것이다. 물론 졸음을 참는 것보다 더 어려운 일은 단잠을 자다가 다시 일어나는 것인지 모른다. 모든 학생에게 가장 큰 골칫거리인 '잠'을 이기고 나면 그 다음으로 학생들에게 유혹의 손길을 뻗치는 것이 있다. 바로 컴퓨터. 계열의 차이를 보이는 것인지 모르겠으나, 문과 학생들보다 이과 학생들이 공부에 방해가 되는 큰 유혹으로 컴퓨터를 꼽았다. 컴퓨터로는 주로 게임하기, 홈페이지 · 카페 · 블로그 방문, 이메일 확인, 그리고 채팅을 한다고 응답했다. 컴퓨터의 대한 유혹과 관련해서는 '인터넷 강의만 듣는다', '마우스나 키보드를 숨긴다' 등의 일부 답변이 있었지만 '컴퓨터를 없애버린다'

와 '컴퓨터가 없는 곳에서 공부한다'라는 대답이 많았다. 어떤 것이든 가장 중요한 문제는 학생 개인의 의지다. 잠과 같은 생리적 현상은 스스로와의 약속을 지키고자 하는 자기 통제력에 따라 어느 정도 극복할 수 있다. 그러나 언제나 잠이 모자라는 우리 학생들에게 '의지'와 '계획'만을 강조하기에는 무리가 있다. 이럴 땐 자녀를 잘 이해하는 부모의 격려와 배려가 무엇보다 중요하다. 부모의 지나친 간섭은 학생에게 큰 스트레스가 되지만 전혀 신경 쓰지 않는 것도 결코 좋은 방법이 될 수 없다. 수험생이라고 해서 획일화된 생활습관을 부모가 강요하고 이를 실천하게 해서는 안 된다. 자녀와 긴밀한 대화를 나누고, 생활습관에 맞는 시간관리를 제시하고 서로의 동의 아래 만들어진 약속을 지켜나가는 자세가 필요하다.

체력 얘기도 빼놓을 수 없다. 체력 유지를 위해서는 취침시간 조절이 필요하다. 철저한 건강관리로 낮잠을 안 자고도 3~4시간의 수면을 유지하는 학생이 있는가 하면, 이제 2학년인데도 체력이 부족해 3학년 시절이 걱정된다고 말하는 학생도 있다. 자신의 체력이 부족하다고 생각하는 학생은 꾸준한 운동을 통해 체력을 키워야 한다. 운동은 체력뿐 아니라 정신적인 스트레스도 낮춰주는 작용을 한다. 단체 운동이라면 친구들과 어울림으로써 단합하는 효과도 있다.

어릴 때부터 체력이 약해 걱정이 많았던 한 공부벌레는 자신의 어머니에게 특별한 고마움을 표현하기도 했다. 어머니께서 체력이 약한 자신에게 충분한 숙면을 취할 수 있도록 격려하고 나머지 시간을 최대한 활용해서 집중하도록 도와주셨다는 것이다. 일반적인 어머니들 같으면 어떤 반응을 보였을까. 자녀의 체력이나 생활습관을 고려하지 않고 무조건 잠을 줄여 공부하라고 강요할지도 모른다. 하지만 그 결과는 장담할 수 없다. 무엇보다 자녀에 대한 충분한 이해와 믿음, 그리고 생활을 관리해 주는 것이 중요하다.

08

교환학생 프로그램을 적극 활용하라

매년 교환학생 프로그램을 이용해 한 한기 또는 한 학년 동안 해외 공립학교에서 공부하겠다고 신청하는 학생들이 늘고 있는 추세다. 이 프로그램을 효과적으로 활용하면 괄목할 만한 영어실력 향상을 기대할 수 있고, 아울러 선진국의 교육현장을 직접 체험함으로써 장차 장기적인 유학 가능성을 구체적으로 타진해 볼 수 있는 좋은 경험이 되기 때문이다. 그렇다고 무조건 다 보내야 한다는 말은 절대 아니다.

공부벌레들과의 인터뷰를 통해 우리는 다음과 같은 사실을 밝혀낼 수 있었다. 즉 학업성적이 뛰어난 학생보다는 적극적이고 붙임성이 좋은 학생들이 교환학생 프로그램에서 더 좋은 결과를 나타냈다는 것이다.

이는 당연한 결과다. 미국을 비롯한 서구 여러 나라에는 정규과목을 보충하고 선행학습을 실시하는 사설학원이라는 개념이 거의 전무하다. 한국 학생이나 중국 학생들이 많이 재학하고 있는 학교를 중심으로 사설학원이 한두 개 있는 수준이다.

현실이 이렇다 보니 학업이 모자란 학생은 자율적으로 학교에 남아서 자신이 부족한 과목의 선생님에게 도움을 받는다. 물론 절대로 강압적인 것은 아니다. 어디까지나 학생의 부족한 과목을 보충해야겠다는 자율적인 의사에 따라 교사는 기꺼이 과외수업에 응해준다. 하지만 도움이 절실하게 필요한데도 이를 표현하지 않으면 누구도 도와주지 않는다. 철저한 개인주의와 합리주의에 바탕한 서구의 나라들에서는 어떤 학생의 학업이 부진하다고 해서 강압적으로나마 이끌어줄 교사가 전혀 없다.

시간이 흐를수록 점점 나아지고 있는 추세에 있지만, 우리나라에서는 여전히 시키면 시키는 대로 자신의 의지와는 상관없이 수동적으로 공부하는 학생들이 많다. 이 같은 분위기에 길들여져 있는 우리나라의 학생들이 완전히 다른 교육현실에 적응하려면 성격적인 측면이 매우 중요하게 떠오른다.

학생의 경험과 개방성, 외향성 또는 내향성 등의 성격을 파악하고 환경 변화에서 오는 스트레스를 감당할 수 있는 역량이 있는지를 많은 대화와 상담을 통해 객관적인 판단을 해야 한다. 무조건 가기만 하면 된다는 생각은 버리고 준비를 오래 하고 잘 적응할 거라는 객관적인 판단을 갖춘 학생만이 성공적으로 교환학생 프로그램을 마치고 이를 통한 효과도 극대화할 수 있다. 반면에 준비가 안 된 학생이 가서 제대로 적응하지 못하고 중간에 돌아온다면, 잘못된 판단에서 오는 피해가 너무나 크다는 사실 또한 자명하다.

공부벌레들 중에서도 교환학생 프로그램을 통해 실제로 자신의 학습에 많은 도움을 얻은 학생이 있었다. 대원외고를 졸업하고 서울대에 진학한 이민지 학생은 중학생 때 교환학생 프로그램을 마친 후 괄목할 만한 영어실력을 쌓은 덕분에 수능에서 좋은 성적을 올릴 수 있었다고 한다.

"정말 마음을 굳게 먹고 출국했어요. 현지에 도착하자마자 영어로 수업하고, 영어로 숙제를 제출하고, 영어로 토론과 발표를 해야 하는 등… 정말 정신 없이 지나가는 날들이었습니다. 울고 싶은 적도 많았지만, 내가 여기에 오겠다고 다짐했던 첫 마음을 떠올리며 굳세게 버텼습니다. 그러다 보니 점점 자신감이 붙고 친구들을 많이 사귀게 되었어요. 교환학생 프로그램에서는 현지 친구가 가장 큰 재산이 됩니다. 다녀와서도 이들과 친분을 계속 유지했고, 결국 이 때 쌓은 영어실력이 수능까지 이어졌습니다."

교환학생 경험을 가진 공부벌레들의 설명에 따르면, 한국 학생들이 가장 어려워하는 과목으로 단연 '미국역사'를 들 수 있다. 우리나라의 교육과정에 미국역사가 없으므로 당연히 아무런 사전지식도 없고 또 수업이 영어로 진행되다 보니 이해하기가 힘든 것이다. 그래서 교환학생을 준비하는 학생들은 대부분 미국역사에 대한 공부를 어느 정도 하고 간다. 처음부터 미국 고등학교 수준의 역사를 공부하려면 부담스럽기도 하고 많은 시간을 필요로 하므로 초등학교의 고학년 또는 중학교 수준의 미국역사 교과서로 준비를 하는 것이 바람직하다.

우리가 역사를 배우는 이유는 과거를 통해 앞으로 사회적으로나 국가적으로 올바로 나아가야 할 길을 제시하기 위해서다. 따라서 한 역사적인 사건이 현대 미국 사회에서 어떤 의미를 지니는지 고찰해 보는 것이 중요하다. 역사와 관련된 사회적 이슈들을 주제로 에세이를 쓰거나 토론 및 발표를 하는 것이 일반적인 역사 상식을 묻는 시험보다 더 큰 비중을 차지하므로, 학원의 유학반이나 교환학생 준비반을 통해 이에 대한 준비를 철저하게 할 것을 공부벌레들은 권장하고 있다.

09

공부를 위한 다양한 로드맵을 그려라

명덕외고에 재학 중인 신나라 학생은 다음과 같이 강조한다.

"공부는 무엇보다 자기 자신이 주체가 되어 능동적으로 해야 합니다. 선생님이 가르쳐주신 내용을 선생님의 입장에서 이해하면 안됩니다. 어떻게든 나 자신의 눈높이에 맞추어야겠죠. 다른 사람의 이해 방식은 다른 사람의 이해 방식일 뿐입니다. 자기 스스로 이해하고 소화할 수 있어야 해요. 그래야만 내가 모르는 것이 무엇인지 분명해집니다. 모르는 것이 분명해지면 반드시 확인하고, 이러한 작업을 거쳐야지만 성적 상승을 기대할 수 있어요."

물론 이 말은 타인의 의지가 아닌 자신의 의지로 공부해야 한다는 뜻을 거듭 강조하고 있다. 또한 학습방법에 있어서도 차별화될 수 있다. 이는 새로운 내용을 배우는 과정에서 두드러진다. 같은 내용을 이해하더라도 보통학생들에 비해 '자기주도적'으로 공부하는 학생은 이미 자신이 갖고 있는 지식의 '틀'을 다양하게 변형시켜본 후 그 중 자신에게 가장 잘 맞다고 생각하는 형태를 통해 받아들인 다는 것이다.

이 같은 과정을 거치게 되면, 수업에 적극적으로 참여할 수 있으 며 학습에 대해 열린 사고를 갖출 수 있다. 자신이 알고 있는 내용들 과 새로운 내용들을 비교하면서, 자신이 알고 있는 지식 틀을 변형 하며, 말하자면 지식의 업그레이드(upgrade) 과정을 반복함으로써 '인지도식'을 만들어내는 것이라고 할 수 있다.

이렇게 만들어진 인지도식은 마인드 매핑(mind mapping)이라는 복 습방법을 통해 완전한 자기 것으로 승화시킬 수 있다. 마인드 매핑 이란 머릿속의 생각을 마치 거미줄처럼 지도를 그리듯이 핵심어를 이미지화해 펼쳐나가는 기법을 의미한다. 머리가 받아들인 지식과 사고를 체계적으로 정리하기 위한 기법으로 창안된 것이다.

이 같은 마인드 매핑을 생활화하면 학습에 있어 다음과 같은 효 과를 얻을 수 있다고 공부벌레들은 말한다.

첫째, 마인드 매핑 방식은 그 특성상 무순서, 다차원적인 인간 두 뇌활동이 가장 좋아하는 정리방법이기 때문에 무언가에 대해 이해 하려고 노력하는 것이 고역이 아니라 즐거움이 된다. 조각난 생각 의 흐름들이 일목요연하게 한눈에 보이기 때문이다.

둘째, 두뇌활동의 조직성 및 효율성을 자연스럽게 향상시킨다.

셋째, 기억력, 회상력, 창조력, 집중력, 독창성이 자연스럽게 향 상된다.

넷째, 복잡한 사실에 대한 체계적이고 논리적인 분석력이 발달 된다.

다섯째, 좀더 많은 내용을 빨리 쉽게 파악할 수 있고 지식을 내 것으로 소화하는 데 효과적이다.

"마인드 매핑을 하다 보면 큰 틀에서 대략적인 내용과 중심 개념 등을 효과적으로 정리할 수 있습니다. 조각조각 흩어져 있는 내용을 하나로 모으면 자신이 부족한 부분이 뭔지 잘 알 수 있죠. 특히 단원마다 기본정리 등을 적어보는 것도 매우 좋습니다."

잠실고등학교 전교 1등 장남 학생의 말이다. 이 방법은 책의 내용에 대해서 마음 속으로 전개도를 그려보는 것이다. 실제적인 방법은, 일단 연습장에 단원 숫자를 쭉 써놓고 대단원의 제목에서부터 소단원의 제목을 생각나는 대로 적고, 또 그 단원들 안에 나오는 공식이나 중요한 내용들을 적어 내려가는 것이다. 이는 수학, 물리 등의 과목뿐 아니라 국사나 세계사 등 전체 흐름 파악이 중요한 과목들에 대해서도 유용하게 쓰일 수 있다.

10

학습계획의 80%는 반드시 지켜라

초등학교 때 방학숙제로 '일일 계획표'를 세워본 적이 많을 것이다. 그리고 대부분은 처음에 욕심을 내어 힘든 계획을 세웠다가, 결국 50%도 지키지 못하게 되는 경우가 많다. 공부계획은 물론 지키기 위해서 만든다. 하지만 공부벌레들이라고 해도 자신이 세운 계획을 100% 지키는 경우는 드물다. 80% 정도를 지키는 것이 아마 보통일 것이다. 하지만 이 80%는, 100%를 지키겠다는 목표를 가지고 노력했을 때 달성될 수 있는 수준이라고 할 수 있다. 처음부터 80%를 목표로 해서는 안 된다.

보통학생들은 대체로 얼마의 시간을 들여 어떤 과목을 어떻게 공부하겠다는 취지에 입각해 학습계획을 세운다. 그런데 우리가 만나본 공부벌레들은 달랐다. 그들은 자신들이 지킬 수 있는 범위 내에서 학습계획을 짜는 데 가장 중요한 비중을 두었다. 그 다음으로 공부벌레들은 계획의 업데이트(update) 부분에 초점을 맞췄다.

어제 세운 오늘 학습계획에서 지키지 못한 부분이나 공부를 했지만 부족하다고 판단한 부분이 있으면, 내일이나 주말의 학습계획에 잊지 않고 포함시킨다는 것이다. 또한 계획을 잡아놓았지만 필요 없는 부분이 생기면, 부족한 부분과 맞바꾸는 것도 가능하다.

우성고등학교에 재학 중인 공부벌레 원다혜 학생은 계획을 세우는 방법에 대해 다음과 같이 말한다.

"하루 공부를 시작하기에 앞서 오늘은 어디부터 어디까지 하겠다는 계획을 세우고, 그것을 종이에 쓴 후 지워가면서 공부를 합니다. 계획한 대로 모든 항목을 다 지우고 하루를 마무리할 때는 성취감이 매우 큽니다."

원다혜 학생은 하루 단위의 계획을 아주 구체적으로 세운 후 다 지키지 못하고 부족한 부분이 생기면 다음날 계획에 포함해서 다시 세우는 아주 구체적인 학습계획을 갖고 있었다.

평촌고등학교에서 전교 1등을 차지하고 있는 이규정 학생도 몇 주 단위의 학습계획을 세우면 공부가 밀리기 쉽기 때문에 전체적인 큰 틀만을 유지하면서 그날그날 상황에 따라 시간계획을 세우는 것이 훨씬 효과적인 학습을 기대할 수 있다고 강조한다.

많은 공부벌레들이 계획을 세우는 데 있어서는 그 날 하루의 공부시간을 고려하여 내용을 결정해 놓고 탄력적으로 운영한다. 아마도 계획을 전혀 세우지 않는 사람은 없을 것이다. 그것을 세심하게 종이에 쓰고 하루 단위로 평가, 점검하며 지워나가는 학생이 있는가 하면 반대로 머릿속에 대략의 틀만을 가지고 그 틀에서 벗어나지 않도록 학습계획을 관리하는 학생도 있다. 이러한 학생들의 공부

07 : 00 ~ 07 : 30		기상, 세면
07 : 30 ~ 08 : 10		등교(단어장)
08 : 10 ~ 08 : 30		영어듣기
08 : 50 ~ 09 : 00		쪽잠
09 : 10 ~ 09 : 50		수학 – 정석, 특작(신사고)
10 : 00 ~ 11 : 00		수학 – 정석, 특작(신사고)
11 : 00 ~ 12 : 00		수학 – 정석, 특작(신사고)
12 : 00 ~ 13 : 00		언어
13 : 00 ~ 13 : 30		점심
13 : 30 ~ 13 : 50		영어듣기
13 : 50 ~ 14 : 40		영어 – 성문기본, 종합
14 : 50 ~ 15 : 40		영어 – 성문기본, 종합
15 : 40 ~ 16 : 10		청소
16 : 10 ~ 17 : 00		언어 – 즐겨찾기, 영인
17 : 00 ~ 18 : 00		언어 – 즐겨찾기, 영인
18 : 00 ~ 18 : 30		저녁
18 : 30 ~ 18 : 50		쪽잠
19 : 00 ~ 20 : 00		언어 – 영인, 다다
20 : 00 ~ 21 : 00		언어 – 영인, 다다
21 : 00 ~ 21 : 20		간식
21 : 20 ~ 22 : 10		사탐
22 : 20 ~ 24 : 00		사탐
24 : 00 ~ 24 : 30		하교(단어장)
24 : 30 ~ 새벽 1 : 00		휴식
새벽 1 : 00		일과 중 실행하지 못했던 것을 하고 취침

| 김태완 학생의 일일계획표 |

분 단위까지 세운 학습계획이 인상적이다.
일과 중 지키지 못한 계획을 보충하기 위한 시간도 정해 놓는다.

패턴은 결국 자신만의 스타일이라고 볼 수 있다. 하지만 머릿속으로만 계획을 세우는 학생들은 중간에 계획이 변동될 가능성도 크고, 평가를 하거나 지워나가면서 느끼는 성취감도 적으며, 과목별로 시간을 효율적으로 배분하지 못하고 좋아하는 과목에만 몰두할 가능성이 있다. 학생들은 성격적 차이로 인해서 계획 세우기를 좋아하는 학생이 있고, 그렇지 않은 학생이 있다. 여기서 계획을 잘 세우고 하루 단위의 시간을 세밀하게 쪼개서 사용하는 공부벌레들의 행동적 특성을 정리해 보면 다음과 같다.

1. 서랍이 열려 있으면 꼭 닫는다.
2. 책상은 하루 단위로 꼭 정리한다.
3. 지각을 거의 하지 않는다.
4. 방 청소는 스스로 하는 편이다.
5. 생각이 많고 세심한 편이다.
6. 결과보다는 과정을 중시한다.

여러 가지 특성이 있을 수 있지만 여기에서는 단적으로 몇 가지만 소개하기로 한다. 만일 위의 항목들 중에 '아니오'라는 대답이 4개 이상 된다면 자신의 스타일은 계획 세우기에 큰 의미를 두지 않는 사람일 가능성이 높고, 오히려 그런 것을 불편해하는 경우가 많다.

그런 학생들은 계획의 부재로 인해 공부에서 많은 손해를 보았을 가능성이 있다. 앞서 공부벌레들의 계획 세우기에서도 보았듯이 계획에는 방법이 중요하다. 실제로 눈으로 확인하고 체크할 수 있도록 해야 의미가 있다.

   지금까지 계획만 세우고 공부를 하지 않거나, 지키지 못하는 학생들이 있다면 앞으로는 방식을 바꾸어보는 것도 좋은 학습방법이다. 당장 시간 단위의 계획을 세우는 것이 힘들다면 하루 전체의 학습량을 점검할 수 있도록 하는 체크리스트를 관리하는 일에서부터 시작하는 것도 효과적인 방법이라 할 수 있다.

이렇게 공부했으면 좋았을 걸…

공부벌레들도 자신이 공부해 온 방법이나 선택에 아쉬움을 갖고 있다. '그때 이런 것을 공부했어야 하는데…', '이렇게 했으면 더 좋았을 텐데…'와 같은 후회를 한다. 본인에게 안 좋은 기억들이겠지만 그와 같은 경험이 다른 학생들에게는 훌륭한 나침반이자 시행착오를 줄일 수 있는 안내서가 될 수 있다. 공부벌레들마저 후회하는 것들, 이제 공부를 시작하는 학생들이라면 그들의 얘기를 하나도 놓치지 말고 머릿속에 숙지하여 도움을 얻도록 하자.

공부벌레들은 '책 많이 읽기'와 '꾸준한 공부습관 만들기'를 평소 실천하지 못한 것에 많은 후회를 한다. 특히 언어영역을 준비하면서 '책 많이 읽기'의 필요성을 절감한 학생이 많았고 '꾸준한 공부습관'에 대해서는 외국어 공부의 아쉬움을 많이 내비쳤다.

- 어렸을 때부터 영어로 된 소설을 많이 보았더라면 영어공부에 큰 도움이 됐을 것이다.   – 김미선(명지외고)
- 독서를 많이 해서 책 읽는 속도를 늘렸어야 했다.   – 김태균(수리고)
- 영어 리스닝을 꾸준히 못했던 것이 아쉽다. 평소 팝송이나 영어방송을 들으며 연습했더라면 좋았을 것이다.   – 이은애(과천여고)
- 언어과목 선행학습과 영어를 꾸준히 공부하지 못한 게 너무 아쉽다.   – 최지윤(대원외고)
- 수학은 교과서라도 제대로 공부해야 한다. 학기 초반 시간이 많을 때에는 문제풀이에 집착하지 말고 개념 정리에 신경을 많이 써야 했다.   – 조연화(혜화여고)
- 나는 수학을 거의 외워서 공부했다. 그러나 개념을 좀더 이해하고 공부했더라면 좋았을 것이다.   – 이시영(경기고 졸업, 서울대 진학)

이렇게 공부했으면 더 좋았을 것이라고 생각하는 부분은?

● 학원을 많이 다니느라 정작 스스로 하는 공부에 소홀했다. 혼자 공부하는 시간이 많았으면 더 좋았을 것이다.   – 김현주(한영외고)

● 중학교 때 교환학생을 다녀온 실력에 자만해 영어공부를 게을리했다. 지금 생각해 보니 무척 후회가 된다.   – 김희연(대원외고 졸업, 서울대 진학)

● 중학교 3학년 이후 공부를 거의 안 했다. 영어, 수학만이라도 선행학습을 했으면 좋았을 것이라고 생각한다.   – 남상오(조대부고 졸업, 서울대 진학)

● 수학 오답노트를 좀더 체계적으로 정리하지 못한 것이 아쉽다. 지금은 풀이 과정과 혼동되는 부분 등을 꼼꼼히 적어 놓는다.   – 민서연(가명, 과천여고)

● 나만의 공부 스타일을 찾는 데 많은 시간이 걸렸다. 그 결과 내 스타일대로 공부하는 시기를 조금 놓치게 되었다.   – 박상복(홍익고 졸업, 서울대 진학)

● 뉴스, 신문 등 다양한 매체를 활용해 영어공부를 열심히 했다면 큰 도움이 됐을 것이다. 단순히 시험 성적을 위한 암기만 한 것이 아쉽다.
     – 박태원(중동고 졸업, 서울대 진학)

● 영어 교환학생을 안 간 것이 후회된다. 돌이켜 생각해 보면 고등학교 공부 가운데 영어가 가장 쓸모 있다.   – 신기창(대원외고 졸업, 서울대 진학)

11

경시대회로 가는 공부벌레들

공부벌레들 가운데에는 각종 경시대회에서 수상한 경력을 갖고 있는 학생들도 많았다. 대표적인 학생들의 면면을 살펴보자.

휘문고등학교에 재학 중인 한종욱 학생은 서울시 주최 수학경시대회에서 금상 2회, KMO 금상 및 은상을 수상한 경력이 있다. 이 밖에도 각종 수학경시대회에서 발군의 실력을 나타낸 바 있다.

군포고등학교에 재학 중인 주요한 학생은 KMC 은상을 비롯해 성균관대 · 고려대 · 포항공대 등이 주최한 수학경시대회에서 입상한 경력을 갖고 있다.

휘문고를 졸업하고 KAIST에 진학한 어현규 학생은 과학과 물리 올림피아드 대회에서 입상한 경력이 있으며, 보성고등학교를 졸업하고 역시 KAIST에 진학한 김재근 학생도 서울시 주최 수학경시대회에서 입상한 경력을 갖고 있었다.

우리는 이들과의 심층 인터뷰를 통해 각종 경시대회를 준비하는 노하우에 대해 들어보았다.

이들 학생은 어려서부터 특정 과목에 남다른 두각을 나타낸 공통점을 갖고 있었다. 그 과목에 관련한 시중 문제집은 거의 모두 풀었으며 더 어려운 교재, 더 깊은 지식을 전수하는 학원이 없는지 알아봤다. 그러다가 학교나 학원 선생님의 권유를 통해 경시대회에 출전하게 된다는 것이다. 경시대회 준비는 보통 학원을 통해 하는 경우가 많다고 하며, 실제로 상당수의 입상자가 유명학원에서 배출된다고 한다.

경시대회 준비를 위해 공부벌레들이 전문학원을 추천하는 데는 두 가지 이유가 있었다. 먼저 '같은 목적을 가진 학생들'이 모여 있어 선의의 경쟁을 통해 자칫 자만에 빠지기 쉬운 마음을 추스릴 수 있다는 장점을 들었다. 두번째는 '정보력'이다. 경시대회에는 보통 문제에 나오는 부분과 안 나오는 부분, 또 꼭 알아두어야 할 이론 등이 있는데, 경시대회 준비 전문학원에서 하라는 대로만 공부해도 그런 사항들을 자연스럽게 정리할 수 있다는 설명이다.

이들은 또한 경시대회를 위해서 그 과목에 있어서 만큼은 다른 학생들보다 몇 배의 노력을 기울인다고 강조했다. 남다른 시간과 노력을 투자해야 한다는 것이다. 또 경시대회가 학교 시험기간과 겹치는 경우가 있기 때문에 내신관리에도 각별한 주의를 기울여야 한다. 결국 경시대회를 준비할 것인가, 말 것인가의 결정은 충분한 평가를 통해서 내려져야 한다. 경시대회와 관련해 한 공부벌레는 다음과 같은 조언을 들려주었다.

"경시대회 준비는 고등학교 1학년까지가 딱 좋습니다. 다른 공부

와 병행하기가 힘들기 때문이죠. 고등학교 1학년 지나서까지 경시
대회에 집착하면 자칫 큰 목표를 그르칠 수 있다는 점을 명심해야
합니다.”

또 다른 학생은 이렇게 털어놓기도 했다.

“경시대회 준비에 있어 명성을 쌓은 유명학원에서조차도 입상에
성공하는 학생은 10%남짓에 불과합니다. 저는 운이 좋은 편이었
죠. 입상에 성공하면 다행이지만 실패하면 그 리스크가 크기 때문
에 경시대회 준비를 강력하게 권유하고 싶지 않은 게 솔직한 심정
입니다.”

따라서 결론적으로 말하면, 고등학교에 진학하기 이전에 수상을
목적으로 하지 않아 압박감을 받지 않는다면, 다양한 사고력 증진
을 위해 경시대회를 준비해 보는 것도 좋은 경험이 될 것이다.

12

언제, 어디서나 기본기와 원칙에 충실하라

학교수업에 적극 참여하라

학교수업은 학원수업보다 그 질이 떨어지는 탓에 집중할 필요가 없다고 잘라 말하는 학생들을 종종 찾아볼 수 있다. 학교보다는 학원을 신뢰하는 분위기가 요즘 학생들의 추세임을 누구도 부인하기가 어려울 것이다. 그런데 상위 1%의 공부벌레들도 그렇게 생각할까? 대다수의 공부벌레들은 수업시간에 집중한다고 입을 모았다.

'수업시간에 열심히 들으라는 뻔한 이야기를 하려는 거겠지…' 라고 생각한다면 이미 편견을 갖고 이 책을 읽고 있는 것이라고 지적하고 싶다. 편견을 버리고 그 '뻔한 이야기'가 공부벌레에게는 당연한 상식이라는 사실을 기억하자.

그렇다면 우선 수업시간에 집중한다는 것이 구체적으로 무엇을 의미하는 것인지 알아보기 위해, 진성고등학교에 재학 중인 이문영 학생의 이야기를 들어보자.

"학교수업에 적극적으로 참여하는 자세는 매우 중요합니다. 수업시간에 선생님과 '함께' 하는 학습은 그 효과가 만점입니다. 선생님이 말씀하는 내용을 하나도 놓치지 않기 위해 노력하고, 노트 필기도 적극적으로 합니다. 특히 선생님이 그 중요성을 강조하거나 몇 번이고 되풀이해 강조하시는 부분은 무슨 일이 있어도 제 것으로 만듭니다. 이는 평범한 이야기 같습니다만, 이 같은 평범함 속에 성적향상의 지름길이 숨어 있습니다."

평범함 속에 성적향상의 지름길이 숨어 있다는 말은 사뭇 감동적이기까지 하다. 그렇다면 이문영 학생에게서 찾을 수 있는 특별한 점은 무엇일까. 바로 '실천' 이다. 사실 수업시간에 집중한다는 것이 말처럼 쉬운 것은 아니다. 선생님 입에서 쏟아져나오는 수많은 내용 가운데 중요한 것을 선별적으로 필기해야 하고, 또 어떤 것은 바로 기억할 수 있어야 하며, 교과서나 참고자료도 틈틈이 살펴보아야 한다. 잠깐 딴 생각이라도 할라치면 어느 새 흐름을 잃기 십상이다. '집중' 이라는 단어 하나로 끝나는 것이 아니라, 여러 가지 복잡한 과정이 동시다발적으로 일사분란하게 이루어져야 하는 것이다.

이렇듯 수업시간에 집중하는 것이 어렵기 때문에 많은 학생들이 포기한다. 수업이 자신의 공부에 별반 도움이 되지 않았다고 말하는 학생들은 대부분 수업에 열심히 참여한 경험이 없다. 그런데 공부벌레들은 참는다. 그 이상의 무언가가 있기 때문에 참는 것이다. 그 이상의 무언가란 바로 '성적' 이다. 이문영 학생은 다음과 같은 말로 인터뷰를 끝맺었다.

"수업시간에 집중하면, 나중에 혼자 공부할 내용이 줄어듭니다. 그리고 무엇보다 시험문제가 눈에 보입니다."

학교수업에 대해 막연한 편견에 사로잡혀 있다면 성적향상을 기대하기 어렵다. '학교수업이 어떻다'라고 평가하기 전에 '과연 한 번이라도 적극적으로 수업에 참여했는가? 선생님이 말하는 것에 귀 기울여 자기 것으로 만드는 노력을 했는가?'라는 질문을 스스로에게 던져볼 필요가 있다.

물론 이렇게 '학교수업만 잘 들어도 최상위권 학생이 될 수 있어!'라고 단정하는 것은 불가능하다. 하지만 우리가 만난 공부벌레들은 한결같이 수업에 집중하는 것을 기본기 중 기본기라고 목소리를 높였다.

선생님을 내 삶의 멘토로서 존경하라

부모님들이 종종 하시는 말씀이 있다.

'열 손가락 깨물어서 안 아픈 손가락 없다.'

그런데 사실 어떤 손가락은 좀더 아프고 또 어떤 손가락은 덜 아프다. 부모에게는 모든 자식이 귀하고 중하겠지만 선생님에게는 어떤 학생이 다른 학생보다 좀더 예쁠 수 있다.

그렇다면 선생님에게 예쁜 학생이란 어떤 학생일까. 바로 자신의 수업에 관심을 갖는 학생이다. 자신이 이야기하는 것을 경청하고 꼼꼼하게 받아 적으며 초롱초롱하게 눈을 빛내는 제자가 어찌 예쁘지 않을 수 있을까. 선생님이라면 모든 학생들을 잘 가르쳐야 하겠지만 선생님도 사람인지라 더욱 애착을 갖는 학생이 있게 마련인 것이다.

　서초고등학교를 졸업하고 KAIST에 진학한 유제현 학생과 숙명여고를 졸업하고 서울대 사회과학대에 진학한 윤소윤 학생도 선생님이 예뻐하는 대표적인 공부벌레들이었다. 두 사람은 모두 학교 선생님에게서 커다란 영향을 받은 학생들로, 고교 시절 선생님들과의 각별한 추억을 갖고 있었다. 평범한 사제지간을 넘어 인생의 동반자로서, 넉넉한 멘토로서 남다른 친분을 유지했던 게 명문대학 진학의 비결이었다.

　선생님은 경험으로 축적된 많은 정보를 갖고 있기 때문에 꼭 공부에 관한 것이 아니더라도 학생들에게 많은 영향을 미칠 수 있다. 진로에 대한 것은 물론이고 선생님의 특별한 말 한 마디가 학생의 마음가짐이나 태도를 바꾸어놓을 수도 있다는 것은 이미 많은 사람들이 경험해 보아서 알 수 있을 것이다. 선생님을 친근하게 생각하는 학생들에게 긍정적인 기회가 많아진다는 것도 어렵지 않게 깨달을 수 있다. 선생님에게 관심을 가져보자. 공부의 기본인 수업을 열심히 듣는 것도 선생님에 대한 관심에서 비롯될 수 있다.

공부… 재미있어요?

공부가 재미있냐는 질문에 별 고민 없이 '네!' 라고 대답한 학생은 단 한 명이었다. 그 다음으로 긍정적인 답변은 '좋아하는 과목은 재미있다' 였다. 그러나 공부벌레를 비롯한 모든 학생에게 가장 많이 들을 수 있는 말은 '힘들지만 할 만하다' 라는 반응이다. 이 처럼 누구에게나 힘들기는 마찬가지인 공부에서 어떤 학생은 '공부벌레', 또 어떤 학생은 '보통학생' 이 되는 차이, 그것이 궁금하다.

공부에 부정적인 학생들로부터 흔히 듣는 말이 있다. "지금의 내 자신이 중요하다. 지금은 공부하고 싶지 않다" 이 말에 전혀 공감할 수 없는 건 아니지만, 뚜렷한 목표나 이유도 없이 이런 얘기를 한다면 위험천만한 태도다. 미래를 선명하게 그려낼 수는 없더라도 긍정적인 미래는 지금의 노력이 차곡차곡 쌓여 만들어지는 것임을 잊지 말아야 한다.
이런 생각의 허점을 잘 알고 있는 학생들이 바로 공부벌레다. 공부벌레들이 공부를 열심히 하는 이유는 크게 두 가지다. 하나는 진로에 대한 확신이 없는 경우로서 일단 명문대학에 진학해서 진로 선택의 폭을 넓히기 위해서다. 두번째는 자신의 진로를 뚜렷이 정하고 의욕적으로 공부하는 경우다. 목표가 있든 없든 공부벌레들은 막연하기만 한 미래에 대해 선택과 가능성의 폭을 넓히고자 노력한다.
목표가 없는 학생들은 뚜렷한 동기 부여가 필요하다. '심은 만큼 거둔다' 는 진리를 몸소 체험하고 '성취감', '자존심'과 같은 자극을 통해 내적인 동기를 갖춰야 한다.

공부가 재미있어요? 왜 공부를 하나요?

● 힘들지만 나름대로 재미있다. 내가 하고 싶은 일을 하기 위해서는 공부가 바탕이 돼야 하기 때문에 공부한다.

● 공부보다 고등학교 3학년 시절 친구들과 힘들게 공부하며 진한 우정을 느낄 수 있어서 좋았다. 한 번쯤 미친 척하고 공부에 몰두해 보는 일도 좋다고 생각한다.

● 공부를 잘 해놓으면 선택할 수 있는 미래의 가능성이 넓어지니까 공부한다.

● 공부가 어렵지만 즐겁다. 세상을 조금이라도 바꾸기 위해 공부한다.

● 앞으로 먹고 살려면 무언가 잘 하는 게 있어야 하는데, 난 운동도, 외모도, 노래도 내세울 게 없다. 내가 먹고 살 수 있는 방법은 공부가 전부다.

● 즐겁다고는 할 수 없지만, 좀 지나면 학교 때 공부하던 시절이 그리워질 것 같다.

● 지기 싫어하는 성격이다. 욕심도 많고 자존심도 강하다. 또한 부모님의 기대를 만족시켜드리고 싶다.

CHAPTER 3

공부벌레들의
과목별 학습 노하우

한·국·의·공·부·벌·레·들

01

언어영역
- 수능에 내가 아는 지문은 안 나온다!

언어영역 시험시간. 생전 처음 보는, 선뜻 이해도 잘 안 가는 긴 문장이 있고, 그 밑에는 그 문장에 대한 문제들이 줄지어 나를 기다리고 있다. 이처럼 문자와 단어의 정글과도 같은 언어영역 시험시간을 맞이한 학생들의 마음은 어떻겠는가?

언어 지문에 대한 느낌은 처음 몇 줄을 읽으면서부터 갈리게 된다. 만약 그 글이 어디서 읽어본 듯한 글이거나, 자신에게 흥미가 있는 글이라면 읽어 나가기가 그다지 어렵지 않다. 하지만 용어도 생소하고 관심도 없는 분야에 관한 글이라면, 어떤 내용인지 파악하기도 전에 답답한 마음부터 들게 마련이다.

어떻게 하면 이런 문제를 극복할 수 있을까?

어려서부터 책 읽기를 좋아했어요

매우 개론적인 이야기 같지만 언어과목에서 높은 점수를 얻고자 한다면 어렸을 때부터 책을 좋아하고 많이 읽는 수밖에 없다. 언어 우등생들에게 어떻게 해서 언어과목을 잘 하게 되었냐고 비결을 묻더라도 들을 수 있는 이야기라고는 '책 읽는 것을 원래 좋아해서 자연스럽게 성적이 잘 나오는 것 같아요' 라는 어찌 보면 허무한 대답들만 되돌아올 뿐이다.

이처럼 책을 좋아하는 것이 언어과목 실력의 가장 중요한 핵심인데, 많은 학생들이 이를 대수롭지 않게 여긴다. 그리고 이것이 바로 '아무리 공부해도 언어점수 안 오르는 학생들' 의 특징이다. 그렇다면 이제부터라도 책을 좋아하게 만들어야 한다. 타고난 언어적 소양이 특별하지 않은 이상 책을 멀리하는 학생의 언어점수에는 한계가 뚜렷하게 존재한다.

진성고등학교에 재학 중인 이문영 학생은 이과계열이다. 하지만 원래부터 책 읽는 것을 좋아했다고 한다. 그리고 나름대로 독서의 기술을 갖고 있었다.

"공부한다는 생각을 하지 않고 편안한 마음으로 시나 소설들을 재미있게 읽어요. 그래야 덜 힘들게 공부할 수 있죠. 공부가 하기 싫을 때 억지로 책을 잡고 있으면 검은 건 글자요, 흰 건 종이일 뿐이죠. 그럴 땐 그냥 다 덮어놓고 휴식을 취하듯 가볍게 책을 읽습니다."

반면에 언어영역에서 어려움을 겪고 있는 보통학생들은 독서 자체를 지겨워한다.

"글자가 가득 채워져 있는 걸 지겨워서 어떻게 보나요? 교과서 보는 것만 해도 정말 따분한데…."

여기서 우리는 공부벌레들과 보통학생들 사이에 독서에 대한 흥미로운 견해 차이가 있음을 발견할 수 있었다.

공부벌레들은 책을 '읽는다' 라는 표현을 많이 했고, 보통학생들은 책을 '본다' 라는 표현을 즐겨 사용했다. 즉 보통학생들은 영상세대답게 독서를 시각적인 차원에서 이해하고 있었다. 그러므로 그림하나 없이 글자로만 가득 찬 책을 보면, 지겨움을 넘어서 두려움을 느끼는 학생들까지도 있었다. 따라서 문자 텍스트로만 이루어진 책보다는 그림과 삽화 등 비주얼(visual)한 요소들이 곁들여진 가벼운 책들을 먼저 권해 주는 것이 언어영역 정복의 첫걸음이라고 해도 지나침이 없다. 이는 인터뷰를 통해 얻어낸 분명한 사실이다. 그렇다면 공부벌레들은 어떤가?

공부벌레들 가운데서도 특히 언어영역에서 남다른 성적을 올리고 있는 학생들에게는 시험의 지문이 전혀 낯설지도 않거니와, 좋은 독서습관을 그대로 학습습관으로 체질화하고 있어 스스로 재미를 느끼고 강한 집중력을 발휘하고 있었다.

어렸을 때부터 문자로 이루어진 텍스트에 익숙했기 때문에 제법 긴 지문도 그저 어떤 책의 한 페이지 정도로만 여기는 것이다. 또한 읽는 속도부터가 남달라서, 비교적 짧은 시간 내에 내용을 정확하게 파악할 수 있는 능력을 갖고 있었다. 언어영역 시험시간에 늘 시간이 부족해 답안지 정답 표기에 급급했던 학생이라면 글을 읽는 속도가 얼마나 중요한지 안다.

그러나 책이 지겨운 학생들은 책 읽기 훈련이 되어 있지 않고 책에 흥미도 붙여본 적이 없어 장문의 글을 보면 막연한 거부감과 공포심마저 느낀다. 이런 글들은 평소에 접해 본 것도 아니고, 학교 교과서에서만 본 것이기 때문에 '글자가 많은 것＝교과서＝지겨운 것' 이라는 등식이 머릿속을 장악하고 있다. 책을 좋아하지 않는 학생들에게는 글자들이 긍정적인 감정을 자아내기보다는 부정적인 감정만을 불러일으킬 가능성이 높다.

그렇다면 왜 어떤 학생들은 책을 좋아하고 또 어떤 학생들은 책을 좋아하지 않게 됐을까? 여기에는 환경적인 영향이 가장 크다. 다시 말하면 부모님의 역할이 중요하다는 이야기다. '책으로 어지를 땐 혼내지 말라' 는 말이 있다. 아이가 어렸을 때부터 장난감을 가지고 놀 듯 책을 통한 놀이문화를 형성할 수 있도록 배려해 주어야 한다. 주변 환경에 책이라는 것이 포함되어 있지 않다면 그것은 자신에게 낯선 존재가 되고 만다.

"저는 외동딸이라 어렸을 때부터 가장 친한 친구가 바로 책이었어요."

과천여고 전교 1등 민서연(가명) 학생의 말이다. 책이 있다고 해서 꼭 읽어야 한다는 부담을 갖게 되면 책은 자연 멀어질 수밖에 없다. 늘 친한 친구처럼, 형제처럼 책을 주변에서 많이 접할 수 있게 하되 '독서' 를 강요하지는 말아야 한다는 게 공부벌레들의 조언이다.

"저희 집에는 늘 책이 많았어요. 거실에도, 안방에도, 주방에도, 화장실에서조차 책을 볼 수 있었죠. 물론 저는 그 중에서 만화만 골라 읽었습니다. 늘 부모님은 책을 읽고 계셨는데, 제가 만화만 봐도 뭐라 하지 않으셨습니다. 만화를 다 읽고 나니, 부모님들이 읽는 책들이 궁금해지더군요. 그러다가 점점 뭔가 읽지 않으면 허전한, 뭐 그런 기분이 들었어요. 말하자면 책을 '끊기' 가 힘들어진 거죠."

책을 익숙한 존재로 만들기 위해 낯선 존재로 만들어야 할 것이 있다. 바로 TV와 컴퓨터인데, 이들의 가장 큰 문제점은 보는 사람의 어떠한 사고력도 요구하지 않는다는 것이다. 가만히 앉아 있는 사람에게 상당한 강도의 자극들을 끊임없이 빠르게 비춰준다.

반면에 책은 움직임이 없다. 내가 이해하지 못하고, 책장을 넘기지 않으면 더 이상 내용이 전개되지 않는다. 빠른 것에 익숙해진 아이들은 책과 같이 느리고 능동성을 요구하는 것에 집중하지 못한다. 따라서 자녀의 독서습관을 길러주려면 TV와 컴퓨터부터 먼저 꺼라.

다시 한번 강조하지만 독서란 습관에 다름 아니라는 사실이다. 그런데 여기서 습관은 '만들어진다' 는 점에 각별하게 주목해야 한다. 아이의 성격이나 기질에 따라 차이가 있지만, 책 읽는 습관은 꾸준한 노력을 통해서 완성될 수 있다. 비단 독서습관뿐 아니다. 노력을 통해 어떤 습관도 몸에 들일 수 있게 마련이다.

자발적으로 형성되는 습관이 아니라 형성시키는 습관의 경우에는 일정한 저항이 뒤따르게 된다. 책에 부정적인 감정을 가졌던 사람에게 책 읽는 습관을 갖게 하기 위해서는 좀더 특별한 노력이 필요한 것이다. 저항을 최대한 줄이기 위한 방법에는 우선 저항하기에는 너무 미미한 수준의 책을 선택하도록 하는 것이 있다. 글자 수도 적고 두껍지도 않으며 이해하기 쉬운 책을 선택해 책이라는 물건에 익숙해지는 시간을 갖는다. 그 후에는 책에 대한 관심도를 높이기 위해 그 책에 관한 대화를 나눈다. 학교에서 독서 클럽에 가입하거나 사설학원의 토론 프로그램을 이용할 수도 있다. 하지만 무엇보다 부모님의 남다른 관심과 배려가 요구된다.

독서습관을 몸에 들이지 못하면, 이는 독서하지 않는 습관을 몸에 들인 것과도 같다. 한번 들인 습관을 개선하기란 쉽지 않다는 점을 부모들은 잘 알고 있다. 따라서 언제나 독서를 통한 놀이문화 함양에 각별한 관심을 기울여야 한다.

수능에 아는 지문은 안 나온다

수능 언어과목을 위해 공부벌레들이 강조하는 핵심 포인트가 바로 '감각 익히기' 다. 언어를 위해서는 글에 대한 감각이 무엇보다 중요하다는 의미다. 그 이유는 바로 '수능에 내가 아는 지문은 안 나온다' 는 가정을 해야 한다는 것 때문이다. 학교 내신(문학)에서는 상위권의 성적을 받는 학생이 언어에서 중위권의 성적밖에 받지 못하는 경우가 있다면, 바로 이 때문이라고 할 수 있다. 내신의 경우 학교에서는 '출제 원칙' 이 필요하기 때문에 가능한 한 학생들이 많이 접해봤거나 세상에 널리 알려진 지문을 갖고 출제한다. 하지만 수능은 그 바탕부터가 다르다.

홍익고등학교를 졸업하고 서울대에 진학한 박상복 학생은 다음과 같이 말한다.

"언어시험은 단지 언어능력만을 측정하는 시험이 아닙니다. 언어시험을 한 마디로 정의하라고 하면, 종합적 사고력을 측정하는 시험이라고 말씀 드리고 싶습니다."

여기에서 언어능력이란 단어의 뜻이나 문장 자체에 대한 이해력으로서, 용어나 한자성어 등을 외워서 향상시킬 수 있는 능력을 말한다. 내신시험의 기본이 되며, 수능에서도 기본적으로 지녀야 하는 능력이다. 하지만 종합적 사고력이란 글의 내용에 대한 총체적 사고력으로 '글에 대한 느낌', '글에 대한 감각'까지 포함한다. 대원외고에 재학 중인 최지윤 학생은 말한다.

"공부를 하다 보면 어느 순간 느낌이 옵니다."

그렇다면 '글에 대한 감각'이나 '종합적 사고력'은 어떤 방법을 통해 키울 수 있을까?

기본적으로 문제를 많이 풀고, 여러 가지 지문을 읽어보아야 하는 것은 두말 할 필요도 없다.

포항제철고등학교를 졸업하고 서울대에 진학한 서동준 학생은 "감각을 익히기 위해 EBS 문제집을 풀고 또 풀었다"고 털어놓는다. 대진고등학교를 졸업하고 서울대에 진학한 김현진 학생의 인터뷰가 이를 자세하게 뒷받침한다.

"비문학은 모의고사 모음 문제집을 사서, 하루 6개 지문에 오직 밑줄 치고 문장 연결 하는 등 시험볼 때 지문을 읽는 마음으로 공부했습니다. 문학은 전문가가 분석한 해설서를 하루 5권씩 보았죠. 이 방법으로 6개월 정도 공부하니까, 고등학교 3학년 6월 모의평가에서 94점을 받을 수 있었어요. 이렇게 공부하면 지문이 자신에게 '익숙해진다'는 느낌을 가질 수 있습니다. 그 후로는 주요 지문을 찾아내는 데 익숙해지고, 그 밑줄 친 지문만 봐도 대략 어떤 내용, 어떤 분위기의 글인지 감각적으로 깨닫게 됩니다. 수능에는 내가 아는 지문이 나오지 않습니다. 따라서 이 같은 감각이 매우 중요해요."

윤소윤(숙명여고 졸업, 서울대 진학) 학생은 고등학교 3학년이 되자 6년치 언어 기출문제를 10회가량 반복해서 풀었다. 모의고사 문제는 기본이었고 나중에는 오답노트를 중심으로 공부하면서, 풀 수 있는 언어영역 문제는 모두 풀어버린 셈이다.

결과는 어떨까. 공부벌레들은, '느낌이 온다'라는 표현을 즐겨 사용했다. 그것은 바로 수학에서 근의 공식이나 화학에서 주기율표를 다 외웠다는 것과는 또 다른, 언어 영역만의 '느낌'이라는 것이다. 처음 보는 새로운 지문이라도 익숙하게 느껴지고, 대충 봐도 어떤 내용인지, 어떤 분위기를 가진 글인지 감각적으로 알 수 있는 경지에 이르기 위해서는 다른 어떤 과목보다도 많은 문제를 풀어볼 필요가 있다고 공부벌레들은 강조했다.

'글에 대한 감각'을 기르기 위해서는 문학과 비문학에서 서로 조금 다른 연습이 필요하다. 조대부고를 졸업하고 서울대에 진학한 남상오 학생은 강조한다.

"문학의 경우에는 작품의 상황을 머릿속에 떠올리는 방법을 활용하는 것이 효과적입니다. 즉 작품의 내용을 마치 영화 보듯 이해하는 겁니다. 하지만 비문학의 경우에는 무엇보다 내용을 정확히 이해하는 것이 중요해요. 철학처럼 심오한 내용을 담고 있는 문장의 경우, 처음에는 어렵더라도 꾸준한 인내를 가지고 반복해서 이해하려는 노력이 필요합니다."

언어 지문을 많이 보고 문제 푸는 요령을 아는 것과 더불어, '종합적 사고력'을 키우기 위해서는 평소에 폭넓은 분야의 독서가 필수적이다. 박상복(홍익고 졸업, 서울대 진학) 학생의 노하우를 들어보자.

"특별히 따로 공부한다기보다 평소에 생각을 많이 하는 것이 종합적 사고능력을 기르는 데 도움이 됩니다. 예를 들어 '사람은 왜 사는가?'에 대해 한번쯤 진지하게 고민해 본다거나 박물관 등을 견학하면서 이런저런 묵상에 잠겨보는 것도 폭넓은 독서에 많은 도움을 줍니다."

객관적으로 사고하는 능력을 키워라

언어영역에서 부진을 면치 못하는 학생들은 크게 두 가지 유형으로 나뉜다(책을 안 읽는 학생들과 책을 잘못 읽는 학생들). 책 읽기를 멀리했던 학생들은 앞에서 설명한 것처럼 언어영역 지문 읽기 또한 멀리할 가능성이 높다. 따라서 언어영역 성적이 안 좋을 수밖에 없다. 그런데 더 심각한 경우는 책을 잘못 읽는 학생들이다. 아무리 독서를 많이 하더라도 이들 학생은 성적이 좋지 않다. 물론 문학작품에 대한 이해는 개인에 따라 그 편차가 클 수밖에 없다. 오히려 이 같은 주관적 이해와 비평이 문학작품을 바라보는 다양한 시선과 남다른 해석을 제공할 수 있다는 점에서 신선하게 느껴질 수도 있다.

하지만 수능은 '남과 다른 해석'을 요구하는 시험이 아니다. 주관적 독서에 강한 학생들은 문제를 풀어도 오답을 내기가 일쑤이고, 정답을 봐도 선뜻 납득하기가 어렵다.

울산 성신고를 졸업하고 서울대에 진학한 김태완 학생은 말한다.

"언어영역 성적이 제일 안 좋았어요. 고등학교 1학년 때 무턱대고 열심히, 그리고 많이 읽는 데에만 주력한 탓이었죠. 이래가지고는 성적이 오르지 않습니다. 왜냐하면 늘 저는 남들과 '다른' 사고를 했기 때문이었죠."

경기고등학교를 졸업하고 서울대 전기공학부에 진학한 이시영 학생은 언어영역 성적이 항상 3등급이었다고 한다.

"저 또한 너무 제 주관이 뚜렷했다는 게 언어영역에서 성적향상에 실패한 원인이라고 생각합니다. 출제자의 의도는 잘 알겠는데, 어쩐 일인지 모범답안을 따라가기가 싫었어요. 제가 언어 성적은 그다지 좋지 않았지만, 여전히 저의 해석이 틀렸다고는 결코 생각지 않습니다."

이는 매우 중요한 의미를 시사한다. 한 작품을 해석하는 데 모범답안은 존재할 리 없다. 하지만 수능에서는 분명 존재한다.

사람들은 자신의 사고 틀 안에서 생각하고 판단하기 때문에 쉽사리 그 틀을 바꾸려 하지 않는다. 일상생활을 하는데 있어서는 굳이 그 틀을 바꿀 필요가 없다. 그리고 주관적인 해석은 자기주도적인 글 읽기의 바탕이 된다. 글을 읽으면서 자신의 주관과 평가를 반영하는 습관은 결코 나쁜 것이 아니다. 하지만 수능은 종합적이고 객관적인 사고능력을 측정하는 것이지, 개인의 주관적 기준을 평가하는 시험이 아니라는 점에 각별히 유념하기 바란다.

한영외고 전교 1등 김현주 학생이 언어영역에서 뛰어난 성적을 올리게 된 계기는 사뭇 특별하다.

"저는 주변으로부터 자기 주장이 매우 뚜렷하다는 평가를 받습니다. 그래서인지, 가끔 모범답안지를 좀처럼 인정할 수 없는 경우가 있었죠. 따라서 시험 점수가 잘 나오지 않는 건 당연한 일이었어요. 그래서 저는 마침내 타협을 하기로 결심했죠. 그러니까 정답과 저의 견해 사이의 거리를 좁히는 공부를 해야겠다고 각오한 겁니다."

그럼 구체적으로 어떻게 공부 해야 할까? 가장 확실하면서도 간단한 방법은 문제집을 많이 푸는 것이다. 하지만 문제집을 많이 풀기 전에 해야 할 것이 있다.

먼저 자습서와 문제집을 활용해 교과서에 실린 작품들을 섭렵해야 한다. 특히 고전문학이나 시조에 나오는 단어나 표현은 현대의 것이 아니기 때문에 미리 공부해 놓지 않으면 뜻을 전혀 이해할 수 없는 경우가 대부분이다. 언어영역은 그다지 암기해야 할 것이 별로 없는 과목이지만 고전문학이나 시조에 나오는 단어들은 외워둘 필요가 있다. 자주 나오는 고사성어나 속담은 한번 외워두면 두고두고 도움이 된다.

문제집은 훌륭한 수준을 갖춘 것으로 널리 정평이 나 있는 유명 출판사의 것을 선택해야 한다. 광주 동신고등학교를 졸업하고 서울대에 진학한 박주현 학생의 말을 들어보자.

"언어영역에서는 무엇보다 객관적인 사고의 기준을 세우는 것이 중요합니다. 이를 위해서는, 잘 알려진 권위 있는 문제들(예를 들어 평가원에서 나온 모의고사 기출문제 등)에 대한 풀이와 답을 공부함으로써 먼저 '객관적'인 기준이 어떤 것인지에 대한 지표를 세우고, 질이 좋다고 생각하는 문제집들을 골라서 공부하는 것이 올바른 순서입니다."

언어영역의 문제를 푸는 방법 또한 기본적으로 달라져야 한다. 김현주 학생에 따르면 "내신시험에서는 근거가 명확해야 하기 때문에 교과서 내용에서 출제되는 경우가 많다"고 한다. 따라서 문제를 풀 때는 '내가 이 지문을 본적이 있는가, 글 전체의 내용은 어떤 것이었는가'가 중요할지 모르지만, 수능 준비를 할 때는 지문을 지문 그 자체로 이해하는 자세가 필요하다.

안양고등학교에 재학 중인 장윤우 학생은 말한다.

"낯선 지문이 나왔을 때는 자신이 가진 지식에 억지로 끼워 맞추지 말고 있는 그대로 해석한 후, 문제에 제시되는 보기 문항을 통해 실제 의미를 유추해 보는 것이 좋은 문제풀이 방법입니다. 최남선의 〈해에게서 소년에게〉라는 시를 예로 들어보겠습니다.

해(海)에게서 소년(少年)에게

一

텨······ㄹ썩, 텨······ㄹ썩, 텩, 쏴······아.

따린다, 부슨다, 문허 바린다.

태산(泰山) 갓흔 놉흔 뫼, 딥태 갓흔 바위ㅅ돌이나,

요것이 무어야, 요게 무어야.

나의 큰 힘 아나냐, 모르나냐, 호통까디 하면서,

따린다, 부슨다, 문허 바린다.

텨······ㄹ썩, 텨······ㄹ썩, 텩, 튜르릉, 콱.

(중략)

六

텨······ㄹ썩, 텨······ㄹ썩, 텩, 쏴······아.

뎌 세상(世上) 뎌 사람 모다 미우나

150

그 중(中)에서 딱 한아 사랑하난 일이 잇스니,

담(膽) 크고 순정(純精)한 소년배(少年輩)들이

재롱(才弄)텨럼 귀(貴)엽게 나의 품에 와서 안김이로다.

오나라, 소년배(少年輩). 입맛텨 듀마.

텨……ㄹ썩, 텨……ㄹ썩, 텍, 튜르릉, 콱.

여기에서 해, 즉 바다는 '새로운 문물' 을 의미하고, 이 시의 주제
는 '소년의 시대적 각성과 의지' 라는 것은 알고 있습니다. 그 이유
는 우리가 이 시를 이미 배웠기 때문입니다. 하지만 이 시를 처음 보
는, 모르는 시라고 가정해 봅시다. 이와 같은 시가 시험에 출제되었
다면 지문에서 '해(海)' 를 보고 그 뜻이 무엇인지, 고민하지 말아야
합니다. 우선 '해(海)' 는 그냥 문자 그대로의 의미인 '바다' 라고 이
해를 하고, 내용상 '힘이 세고 좋은 것' 일 거라는 것, 주제는 '해는
소년을 좋아한다' 로 이해해야 합니다. 그리고 해나 소년이 진짜로
의미하는 바는 문제의 보기에서 나오는 설명으로 가능성을 유추해
야 합니다."

문제가 먼저인가, 지문이 먼저인가?

"언어영역 시험시간에 지문을 먼저 읽어야 할지, 문제를 먼저 읽어
야 할지 고민을 많이 했었습니다."

서울대에 진학한 어느 언어영역 우등생의 이야기다. 이런 고민은
언어영역을 접해보지 않은 사람이라면 '쓸데없는 고민' 이라고 치부

해 버리기 쉬울 수 있다. 하지만 이렇게 사소한 것 하나하나가 수험생들에게는 스트레스가 될 수 있다. 그렇다면 무엇을 먼저 하는 것이 좋을까. 결론부터 말하자면, 언어영역 우등생들은 대부분 지문보다는 문제부터 읽는다고 밝혔다. 그 이유는 지문을 보기 위한 '전략' 을 수립할 수 있기 때문이라는 것이다.

계속해서 박상복 학생의 말을 들어보자.

"문제부터 확인한 다음 지문을 어떻게 보아야 할지에 대한 계획을 먼저 수립합니다. 예를 들어 문학인가 비문학인가, 부분 문제가 많은가, 전체 문제가 많은가에 따라 지문을 읽는 전략을 달리하는 거죠."

언어는 부담이 없는, 가장 자신 있는 과목이라고 당당하게 말하는 민서연 학생의 문제풀이 방법을 간략하게 살펴보자.

1. 먼저 문제를 빠른 속도로 읽는다.
2. 문제에 제시된 보기문항을 보면서, 지문이 어떤 분야에 관한 것인지 전체적인 윤곽을 잡을 수 있도록 한다. 단, 모든 문제에 대해서 보기를 살필 필요는 없으며 지문 파악에 도움이 될 수 있는 문제, 예를 들어 '윗글로부터 알 수 있는 사실이 아닌 것은?' 등과 같은 문제는 미리 꼭 읽어봐야 하는 경우다. 친절하게도 5개의 보기 가운데 4개는 윗글에 대한 사실이니, 한번 읽어보라고 문제가 직접 알려주고 있지 않은가. 지문을 읽기 전에 지문의 내용을 조금이라도 알고 있는 보기문항은 내용 이해에 너무나도 큰 도움이 될 수 있으니 절대 지나쳐서는 안 된다. 그러나 'ⓐ~ⓔ 중 문맥상 의미가 다른 하나는?' 등과 같은 문제에 '① ⓐ ② ⓑ ③ ⓒ ④ ⓓ ⑤ ⓔ' 와 같은 보기문항을 가진 문제라면 굳이 시간을 내어 읽어볼 필요는 없겠다.

3. 문제와 보기문항을 통해 지문에 대한 감을 잡았다면, 이제는 직접 지문을 읽을 차례다. 이 때는 좀 멀리서 보는 느낌으로 조망하듯, 전체적으로 읽는다. 연필로 따라 가면서 읽는 것은 금물이다. 세세한 부분에 지나치게 신경을 쓰게 되어 내용 파악에 걸림돌로 작용할 수 있기 때문이다.

4. 단, 조금 전에 읽었던 문제들을 떠올리며, 문제 풀이에 도움이 되겠다고 여겨지는 문장이나 단어에는 반드시 밑줄을 그어야 한다. 이런 과정을 거치면 하나의 지문에 딸린 4~5개의 문제들 중 2개 정도는 신속하게 풀 수 있다. 풀 수 있는 문제를 빠른 속도로 먼저 풀고 난 후에는 남은 문제들을 해결하기 위해 지문을 부분적으로 다시 읽는 작업이 필요하다.

이런 방법을 처음 사용해 보는 학생들에게는 빠듯한 언어영역 시험시간이 더욱 짧게 느껴질 수 있다.

"수능은 시간 싸움입니다. 지문을 정확하게 이해하며 빨리 읽는 연습을 지속적으로 실시해야 하는 이유가 여기에 있습니다. 총 11개 지문(쓰기 포함)으로 이루어져 있으므로 지문 하나당 6분씩, 66분에 끊는다는 목표로 연습해야 합니다. 틀린 문제는 해설집의 풀이를 자세하게 봅니다. 그렇다고 해설집에만 매달려 시간을 낭비하는 것은 좋지 않습니다."

문제를 먼저 읽은 다음 지문을 읽고 나면 전에 읽었던 문제가 뭐였는지, 내가 지문에서 찾아내야 할 것이 무엇인지 생각이 안 날 수도 있다. 이는 충분한 훈련이 되지 않았기 때문이다. 민서연 학생과 같은 방법을 사용하고 싶은 학생들은 혼자 충분히 훈련한 뒤에 모의고사에서 효과적으로 사용해 보도록 하자.

여기에서 꼭 짚고 넘어가야 할 점은 '절대 정해진 법칙은 없다'는 사실이다. 우리가 앞에서 '언어영역 우등생들은 대부분'이라는 표현을 사용한 바 있음을 기억할 것이다. 언어영역에서 뛰어난 성적을 올리고 있는 공부벌레들은 대체로 비슷한 학습방법을 갖고 있었지만, 물론 예외도 있었다. 그렇다면 대부분에 포함되지 않은 나머지 공부벌레들은 어떤 방법을 사용할까? 먼저 우성고에 재학 중이며 언어영역에서 높은 점수를 얻고 있는 원다혜 학생의 문제풀이 순서를 살펴보자.

1. 지문을 먼저 읽고 문제를 본다.
2. 각 문단 아래에 요약글을 적어넣고, 문제를 푼다.
3. 시간이 얼마나 걸렸는지 정확하게 체크한다.
4. 채점한다.

서동준 학생 또한 자신만의 문제풀이 스타일을 갖고 있다.

1. 지문을 빨리, 신중하게 읽는다.
2. 문제를 풀다가 생각이 안 나는 것이 있을 때는 다시 지문을 확인한다.

이처럼 누구에게나 예외없이 적용되는 절대적인 방법은 없다. 다만 누구에게나 '자신'에게 맞는 스타일이 존재할 뿐이다.

학교 vs 학원 vs 스스로 공부

학교수업, 학원수업, 스스로 공부하기 세 가지 스타일 가운데 학습효과가 가장 큰 것은 무엇일까? 물론 세 가지 스타일을 놓고 상대적 우위를 비교하려는 시도 자체가 무리일 수 있다. 왜냐하면 학교와 학원수업의 비교는 수업의 질이나 교육 환경 등을 기준으로 비교가 가능할지 몰라도 스스로 하는 공부는 비교의 대상이 모호하기 때문이다. 그러나 공부벌레들을 대상으로 실시한 '가장 효과적인 학습방법'에 대한 설문에서 가장 많은 답변을 차지한 것은 '스스로 하는 공부'였다. 결론적으로 말해 학교나 학원수업을 충실히 듣고 난 후, 스스로 공부하는 것이 효과적이라고 말할 수 있다.

그렇다면 보통학생들도 스스로 하는 공부가 가장 중요하다고 생각할까? 공부벌레의 78%, 보통학생의 45%가 스스로 하는 공부가 가장 도움이 되며, 또 가장 중요하다는 의견을 보였다. 이 비율에서 알 수 있는 사실은 보통학생들이 학교나 학원수업에 크게 의지하는 경향을 갖고 있다는 점이다. 스스로 공부하여 깨우치고 알아가는 즐거움을 택하기보다는 수동적으로 받아들이려는 성향이 강한 것이다. 이런 보통학생들의 경향은 야간자율학습의 중요도를 묻는 질문에서도 잘 드러난다. 공부벌레들은 야간자율학습의 중요도에 87점을 매긴 반면, 보통학생들은 65점의 점수를 매겼다. 야간자율학습 시간을 어떻게 활용하느냐에 따라 그 가치가 많이 달라질 수 있다. 그러나 스스로 하는 공부와 학교, 학원에서의 공부는 서로 유기적인 관계가 있다. 따라서 어느 한쪽에 편중해서 공부하거나, 또 어느 한쪽이 일방적으로 중요하다고 속단해서는 안 된다.

공부벌레들의 답변에서 스스로 하는 공부 다음으로 2위를 차지한 것은 학원, 3위는 학교다. 다른 것은 몰라도 공부 자체만 놓고 평가할 때 학교보다 학원에 더 후한 점수를 준 것이다. 비록 학생들이 학교수업에 많은 점수를 주지 않았지만 공통적으로 생각하는 것이 있다. 다름아닌 '공부의 기초는 학교수업'이라는 인식이다. 몇몇 학생은 '학교수업을 통해 기초를 다져놓지 못하면 심화학습이 힘들다'라고 고백하기도 한다.

학원의 역할이 날로 커지는 현상은 더욱 심화될지도 모른다. 학원은 비단 공부뿐 아니라 학생들의 개인적인 문제까지도 지도해 주기도 한다. 정신과 육체의 두드러진 변화를 온몸으로 겪어야 하고, 또 입시라는 스트레스에 시달리는 학생들에게 학원이 '상담자' 역할을 도맡는 것이다. 몇 년 동안 줄곧 같은 학원에 다닌 학생이라면, 그의 공부 스타일과 성향을 누구보다 잘 아는 학원 선생이 가장 영향력 있는 조언자의 역할을 하는 경우도 있다.

학교, 학원, 스스로 공부를 비교 · 평가한다면?

● 학교수업은 기초를 쌓게 해준다. 대신 학원은 성적별 수업이 가능하기 때문에 더 효과적이다.　　　　　　　　　　　　　　　　　　　　　　　　– 김다연(안양고)

● 학교수업은 내신을 위해서, 학원수업은 수능을 위해 중요하다.　　–김미선(명지외고)

● 학교수업과 학원수업의 중요도는 과목에 따라 다르다.
　　　　　　　　　　　　　　　　　　　　– 김민지(대원외고 졸업, 서울대 진학)

● 학원수업의 질이 학교수업보다 훨씬 높다. 게다가 체계적으로 잘 가르친다. 그러나 학교에서는 사회성을 함양할 수 있다고 생각한다.　　　　　　　– 김태균(수리고)

● 학교수업을 충실히 듣고 학원수업을 통해 보충한다.　　　　　– 김현주(한영외고)

● 과목에 따라 다르지만, 학교와 학원수업 모두 중요하다. 그러나 결국 스스로 공부해야 한다.　　　　　　　　　　　　　– 이시영(경기고 졸업, 서울대 진학)

● 학교수업을 통해 무엇보다 규칙적으로 공부하는 자세를 배울 수 있다. 수업 내용은 학원이 더 낫다.　　　　　　　　　　　　　　　　　　– 이은애(과천여고)

● 일단 스스로 공부하는 것이 가장 중요하다. 그리고 학교수업과 학원수업의 중요도는 과목에 따라 달라질 수 있다.　　　　　　　　　　　– 장윤우(안양고)

02

수학영역
– 문제를 해결할 수 있는 기술을 갖춰라!

공부벌레들이 가장 자신감을 나타내고 또 좋아하는 과목이 바로 '수학'이다. 문과, 이과를 막론하고 공부벌레들은 수학과목에 대한 학업성취도가 공통적으로 매우 높았다.

앞에서 살펴본 바와 같이 언어영역에서는 '수능에 내가 아는 지문은 나오지 않는다'는 가정에 입각해 공부하는 것이 중요하다. 하지만 수학에서는 '수능에 내가 풀지 못하는 문제는 나오지 않는다'라는 자신감을 갖고 공부에 매진하는 자세가 무엇보다 요구된다고 공부벌레들은 입을 모은다.

수학에서도 문제를 풀 수 있는 능력이 물론 중요하다. 하지만 수능시험에서 더욱 중요한 것은, 그 문제를 풀 수 있느냐의 차원을 넘어 '그 문제를 얼마나 효율적으로 빠르고 정확하게 풀 수 있느냐의 여부'에서 고득점의 가능성이 판가름난다.

"수학학원을 다니는 목적은 지식을 얻기 위해서가 아닙니다. 문제를 풀 수 있는 스킬을 배우기 위해서죠."

수학경시대회에서 다수 입상한 바 있는 휘문고 한종욱 학생의 말이다. 이 책을 읽는 수험생들과 학부모들이 깊이 새겨들어야 할 대목이다.

7차교육과정에 들어오면서 수학교과 과정에도 변화가 있었다. 그 중 하나가 미분과 적분, 확률과 통계, 이산수학 등 비교적 어려운 내용의 단원들이 선택과목으로 지정되었다는 점이다. 따라서 과거에 비해서는, 특히 문과계열(사회탐구 계열) 학생의 경우 수학교과에 대한 부담이 한결 줄었다고 볼 수 있다. 하지만 여전히 수학교과는 주요 과목의 성취도를 측정하는 지표가 되고 있으며, 문과라고 해서 수학을 소홀히 하는 일이 있어서는 안 된다. 그렇다면 수학에 뛰어난 성취도를 보이는 학생들의 공부습관을 통해 수학교과를 정복할 수 있는 방법을 함께 짚어보도록 하겠다.

선행학습이 중요하다

수학 공부벌레 중에는 1주일에 학원을 열 군데나 다니는 학생도 있고, 개인과외를 받는 학생도 있었다. 어떤 방식으로 공부를 하건 그들의 공통된 의견은, 다른 과목은 몰라도 수학을 공부하는 데에는 반드시 '다른 사람'의 도움이 필요하다는 것이었다.

단순히 개념을 이해하고 문제를 풀 수 있는 능력을 기르기 위해서가 아니라, 자신이 몰랐던 문제들을 소개해 주고 같은 문제를 풀더라도 더 효과적으로 해결할 수 있는 방법을 가르쳐준다는 점에서 그렇다. 또한 수학은 철저하게 '룰(rule)'에 의해 정답이 도출되는 과목이다. 룰은 곧 수학공식이고, 이 룰을 모르면 문제를 받아 들었을 때 제대로 응용할 수가 없다.

시험을 보기 전에는 이러한 룰의 집합을 머릿속에 모두 집어넣고 있어야 한다. 그것이 응용력의 원천이기 때문이다. 공식을 외워서 적용하고, 다양한 방식의 사고력 활용이 요구되는 수학공부에서는 다른 어느 과목보다 '선행학습'이 매우 중요하다. 다음 장에서 중요하게 다루어질 '룰'이 무엇인지 언제나 확인하고. 그 룰이 실제 상황에서 어떻게 적용되는지, 그 감각을 익히는 것이 선행학습의 핵심 포인트라고 할 수 있겠다.

단대부고를 졸업하고 연세대 공학부에 수시합격한 강봉준 학생의 말에 귀 기울여보자.

"초등학생 때 수학 학습지를 통해 수(數)를 좋아하게 되었어요. 학습지 선생님은 숙제를 안 하면 끝까지 지키고 앉아 문제를 풀도록 하셨죠. 그 선생님의 노력 덕분에 항상 진도를 여유 있게 맞출 수 있었습니다."

과천여고에 재학 중인 이은애 학생도 학습지가 많은 도움이 되었다고 털어놓는다.

또 다른 공부벌레 한종욱 학생은 한국에 나와 있는 수학문제집들 가운데 안 푼 것이 없으며 초등학교 5학년 때 벌써 〈정석 수학〉을 공부하기 시작했다고 한다. 이 학생은 어려서부터 수리에 특별한 관심과 재능을 갖춘 경우이기 때문에 보통학생들과는 많이 다르지만 성취도가 높은 학생들은 항상 진도를 앞서나간다는 사실을 엿볼 수 있다.

KMC 은상 등 수학경시대회에서 입상한 경험이 있는 군포고등학교 주요한 학생은 학습진도에 관해서 다음과 같이 말한다.

"수학을 잘 하는 사람은 예습이 중요하다고 여기고, 못하는 사람은 복습이 중요하다고 생각하게 마련이죠."

특히 수학에 있어 예습은 스스로의 사고력을 테스트하는 좋은 계기로 작용한다. 복습은 이미 남이 풀어준 방식을 답습할 가능성이 있으므로 예습에 견주어볼 때 응용력을 키우는 데 효과적이지 못하다. 주요한 학생은 이처럼 예습을 통해 미리 자신의 개념을 정립하고 응용력을 테스트하는 것이 효과적인 수학학습 방법이라고 추천했다.

몇몇 공부벌레의 선행학습 태도와 생각을 통해 수학 과목에서의 선행학습의 의미를 살펴보았다. 물론 성취도가 높은 학생들의 방법이 일반학생들에게 늘 보편적으로 적용되지는 않을 것이다. 하지만 많은 경우 공부벌레들의 학습형태에서 공통적으로 나타나는 특징은 각별하게 눈여겨볼 필요가 있다. 수학을 잘 하기 위해서 반드시 갖춰야 할 학습태도는 성취도가 높은 학생들이라면 누구나 갖고 있기 때문이다.

선행학습을 할 때 한 가지 주의할 점이 있다. 무턱대고 공부 잘하는 학생들을 좇아서 진도를 미리 빼는 것은 금물이라는 점이다. 그 단원에서 충분히 개념과 공식을 습득하여 응용할 수 있는 수준이 된다면 그 다음 단계로 넘어가 새로운 내용을 공부해도 무방하다. 따라서 선행학습의 양보다는 질에 더욱 무게를 두어야 한다.

한 단원에 대한 깊은 이해가 선행될 경우에 다음 단원으로 넘어갈 수 있다. 수학은 여러 과목 중에서도 특히 체계가 중요한 과목이기 때문이다. 교과과정은 그러한 순서를 차근차근 밟아가도록 설계되어 있으므로, 앞으로 수학공부를 잘 하고자 하는 학생들은 이 순서를 잘 지켜서 학습하기 바란다.

개념이 먼저인가, 문제가 먼저인가?

수학에서는 무엇보다 '개념'을 이해하는 것이 가장 중요하다. 그다지 암기력을 요구하지 않는 과목이기 때문에 큰 개념의 틀만 잘 잡으면 문제를 푸는 가장 효과적인 도구를 손 안에 쥔 것이나 다름없다. 개념을 이해하는 가장 좋은 방법은 수학공식을 실제로 증명해 보는 것이다.

증명은 가장 기초적인 개념을 이해하는 데 도움이 되지만 학생들은 대부분 증명은 그냥 눈으로만 따라가는 경향이 있다. 그렇게 되면 개념을 완전히 내 것으로 만들기가 쉽지 않다. 참고서를 덮고서 굵은 글씨로 표시된 수학공식을 내가 실제로 증명할 수 있는지, 한번 테스트해 보라. 중간에 막힘이 있다면 그것은 개념을 완전히 이해한 것이 아니다. 반면 증명을 완전하게 할 수 있을 때 공식은 단순한 숫자가 아닌 의미와 원리로서 다가오게 된다. 그렇게 되면 수학 문제풀이에 있어 훨씬 탁월한 응용력을 가질 수 있게 될 것이다.

개념을 터득하는 또 한 가지 방법은 다양한 유형의 문제를 풀어 보는 것이다. 언어영역 시험을 볼 때 '지문을 먼저 보아야 하는지, 문제를 먼저 읽어야 하는지'에 대해서 설명한 바 있다. 수학도 이와 비슷한 고민을 하지 않을 수 없다.

수학에서는 문제풀이를 실제로 하면서 개념을 잡아가야 한다고 주장한 공부벌레도 있고, 먼저 개념을 확실하게 잡은 후에 문제를 많이 푸는 방법이 효과적이라고 여기는 공부벌레도 있었다. 일단 여기에서 공통된 의견은 어떻게든 문제를 많이 풀어야 한다는 것이었다. 그리고 그 이유는 개념을 확실히 이해하기 위해서라고 덧붙였다. 이 같은 의미에서 보면, 개념을 100% 이해하고 나서 문제를 보는 것은 비합리적이다. 80~90%가량 개념을 이해했다고 생각한다면, 그 다음은 개념을 잡고 끙끙거리는 대신 문제를 통해서 이해하는 방식이 좋다는 결론을 얻을 수 있다.

모든 출판사의 모든 문제집을 섭렵했다는 대표적인 수학벌레 한종욱 학생은, 무조건 문제를 풀기보다는 원리를 이해하는 학습이 병행되어야 한다는 견해에 부정적이다. 가능한 한 문제를 많이 푸는 것이 실전에서 매우 도움이 된다는 판단을 갖고 있다. 그 대신 문제를 풀되 80% 정도를 숙지하고, 틀린 문제는 해설을 참조하고 복습을 통해 개념을 완전하게 습득할 것을 조언한다. 나머지 20%를 이렇게 보충하여 100%를 만들라는 설명이다.

반면에 공부벌레 장윤우 학생은 무엇보다 개념을 먼저 완벽하게 아는 것이 중요하다고 주장한다. 물론 개념을 잘못 알고 문제를 푸는 경우가 있을 수 있는데, 이러한 틀린 개념을 '문제'를 통해 바로 잡아가는 과정을 거친다고 한다. 공부벌레 윤여빈 학생 또한 이론을 확실히 정리한 후, 문제풀이로 연습하는 습관을 갖고 있었다. 문제를 풀 때는 맞는지 틀리는지 답만 확인하고, 틀렸을 경우에는 항상 그 중간과정을 스스로 유추해 보고 나중에 풀이과정과 비교해 잘못된 부분이 무엇인지를 점검한다고 한다.

응용력은 결국 개념의 이해에서 나오는 것이기 때문에 응용 부분의 잘못된 점은 개념을 잘못 이해한 것으로 생각하고, 풀이과정에서 그 부분을 바로잡는 연습을 한다는 것이다. 개념을 이해하는 방식에 대해서는 과천여고에 재학 중인 이은애 학생의 말이 가장 와닿는다.

"개념을 탄탄히 하는 것이 중요해요. 무조건 문제를 푸는 것보다 한 문제를 정확히 하는 것이 수학에서 올바른 학습방법입니다. 맞고 틀리고를 떠나서 그 문제를 완전 마스터할 때까지, 거기서 얻을 수 있는 모든 것을 취해야 하죠."

이은애 학생은 "처음 단원을 접하는 시기에는 개념을 좀더 강조하는 학습지를 선택하는 것이 좋다"는 조언을 잊지 않았다.

공부벌레 주요한 학생은 '개념'의 중요성을 강조하는 동시에 단원별로 개념을 연관 지어 생각하는 태도가 요구된다고 덧붙인다. 문제집만으로는 결코 정리할 수 없는 것이 이 개념과 개념 간의 연관성이며, '푸는 테크닉'을 연습하는 도구로서 문제를 사용하는 것이 좋다는 설명이다.

많은 공부벌레들이 수학공부에서 강조하고 있는 것은 개념의 완전한 이해를 통한 응용력의 증대라고 볼 수 있다. 단지 개념을 이해하는 방식이 조금 차이가 날 뿐이다. 공부벌레들의 이러한 공부 패턴은 크게 두 가지로 정의할 수 있다.

먼저 개념의 반복을 통한 개념의 이해냐, 아니면 실전에서 풀이과정을 통한 개념의 이해냐의 차이다. 이를 결정하는 것은 결국 학습습관의 차이가 아닌가 생각된다. 문제풀이에 더 중점을 두는 학생들은 대체로 즉각적인 피드백을 좋아했다.

수학문제에 항상 도전하는 자세를 가진 학생들은 맞고, 틀리고에 대한 자신의 능력을 테스트해 보는 성향이 강한데, 따라서 문제풀이에 좀더 중점을 두고 있었다. 반면에 기본기를 착실히 다지고 문제는 나중에 손을 대도 늦지 않는다고 주장하는 학생들은 '개념의 이해'에 시간을 더 많이 할애하고 있었다.

따라서 이 책을 읽는 학생들은 자신의 개념이해 방식이 어느 쪽에 더 가까운지를 잘 생각해 본 후 자신에게 적합한 공부방법을 선택해야 할 것이다. 아울러 공부벌레들의 공부방법과 비교해 나 자신의 문제점을 스스로 진단할 수 있는 기회를 갖기 바란다.

오답노트를 통해 내가 틀리는 문제 유형이 무엇인지 꼼꼼하게 검토해야 한다. 개념의 이해 부분에서 취약하다면 기본기를 좀더 착실하게 다질 수 있는 공부방법과 참고서를 선택하고, 그 반대라면 문제풀이와 유형탐구에 중점을 더 많이 두는 것이 좋은 학습방법이라고 판단된다.

'구멍'을 찾아라

'수학 오답노트를 작성하는가?'에 대한 질문에 수학 공부벌레들은 대부분 '예스'라고 대답했다. 다른 과목들에 대해서는 오답노트를 하나도 만들지 않는 학생조차 수학에서 만큼은 자신만의 오답노트를 갖고 있었다.

여기에서 중요한 것은 '오답노트를 만들자'가 아니라 그들이 '왜 오답노트를 만들어야 하는가?'다. 왜 공부벌레들이 한결같이 수학 오답노트가 꼭 필요하다고 생각하는지에 대해 알아야 한다. 왜 수학과목에서만큼은 오답노트를 만들어야 하는지, 그 중요성에 대해 말이다. 그 이유는 수학과목의 성격과 수학시험 문제들의 특징에서 찾을 수 있다.

예를 들어 언어와 수학을 비교해 보자. 언어영역에서 오답노트를 만들 때는, 자신이 틀린 문제의 지문과 틀린 문제를 붙여넣은 다음 자신이 몰랐던 해석과 정답을 표시하는 방법이 있다. 물론, 이는 언어영역에서 실력을 향상하는 데 많은 도움이 된다. 하지만 그 지문의 내용과 해설, 정답을 모르더라도 시험에 거의 같은 지문이 나오지 않는 이상은, 그 문제를 아는 것이 아주 크게 영향을 미치지는 않는다는 데에 문제가 있다. 오히려 비슷하기 때문에 같은 내용일거라고 판단하는 것은 언어영역 문제를 풀 때 아주 위험한 생각이다 (언어영역에서는 지문 그대로 해석하는 것이 중요하다).

반면에 수학은 다르다. 수학은 2단원의 개념을 모르면 다음 단원을 이해하기 어려운 경우가 있다. 또는 2단원과 5, 6단원의 개념을 섞어서 문제를 출제하는 경우도 많다. 그럴 경우에 2단원에서 모르는 부분이 있고, 그 부분에 대한 문제를 모른다는 것은 자신의 수학 실력에 큰 '구멍'이 될 수 있다.

여기에 바로 오답노트를 만드는 큰 의미가 깃들여 있다. 수학에서 한번 구멍이 생기면 자꾸 그 구멍에 빠지게 되기 때문에, 오답노트를 만들어 그 구멍을 꼭 메워야 할 필요가 있는 것이다.

공부벌레들과의 인터뷰 과정에서 장윤우 학생과 진성고에 다니는 지연미 학생이 이러한 '구멍'을 메우기 위한 공부법을 제시했다.

오개념(잘못된 개념)을 알고 시험장에 들어가 버리는 경우도 있어요. 자신이 이해하고 있는 개념이 오개념이라는 것을 정작 자신은 잘 모르기 때문에, 같은 문제를 계속 틀리게 되죠. 그래서 문제를 풀어가며 자신이 잘못 이해하고 있는 부분을 찾아 그로 인해 생긴 자신의 '구멍'을 메우는 과정을 반복해야 합니다…. 문제집을 풀 때 자신의 목표가 그저 '문제집 10권 풀기'가 되어서는 안됩니다. 그 문제집 10권 분량 만큼의 자신의 '구멍' 찾기를 목표로 해야 합니다. 수능에서는 일부러 어려운 문제를 내지는 않죠. 개념을 비틀고 꼬은 문제들이 많을 뿐입니다. 문제를 풀면서 자신의 구멍이 무엇인지를 먼저 파악한 후 해답을 살펴보는 학습방법이 효과적입니다. 문제집 열 권을 푸는 것이 중요하지는 않습니다. 중요한 건 그 열 권의 문제집에서 자신의 '구멍'을 찾는 노력이 있어야 한다는 겁니다."

문제집을 풀 때는 중요하거나 좋은 문제를 체크해 두고, 체크한 문제를 풀며 그 가운데에서 다시 체크하고, 몇 달 뒤에 체크된 모든 문제를 한번 더 푸는 학습방법이 효과적이라고 그들은 입을 모은다.

수학에서 오답노트를 만드는 방법에는 여러 가지가 있다. 여기에서는 대표적인 몇몇 방법만 소개하겠다.

공통적으로는 문제와 답안을 분리해서, 풀이과정뿐 아니라 혼동되는 내 '구멍'을 찾아 그 내용을 적어놓는다.

1. 문제집에서 공부했던 문제와 풀이내용을 그대로 오려서 붙이는 경우

이 방식으로 오답노트를 작성하면, 자신이 예전에 문제를 풀던 당시에 어떤 것을 잘못했고, 어느 부분을 놓쳤는지에 대해 한눈에 알 수 있다. 그 때 잘못한 부분과 '이 문제는 내가 너무 서두르는 바람에 틀렸지. 차근차근 하면 돼' 등과 같이 자신에게 당부하는 말을

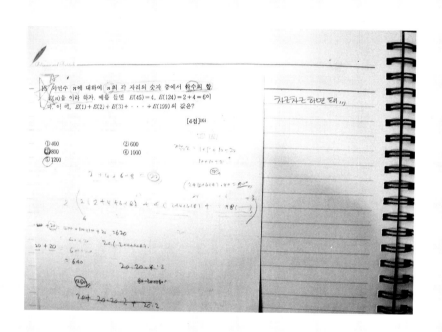

숙명여고를 졸업하고 서울대에 진학한 윤소윤 학생의 수학 오답노트.
문제와 풀이내용을 그대로 붙여놓았고 그 옆에 자신에게 당부하는 말도 적어두었다.

적어놓는 것도 효과적이다.

공부벌레 민서연 학생은 강조한다.

"손바닥만한 노트에 예전에는 풀이과정만 적었지만, 지금은 풀이과정과 혼동되는 부분 등을 일기를 쓰듯이 뒷면에 적어놓습니다."

2. 문제와 해답을 직접 적어넣는 방법

시간은 오래 걸리지만, 자신이 틀린 문제를 다시 차근차근 정리하면서 틀린 문제를 좀더 꼼꼼하게 기억할 수 있다는 장점이 있다. 수학문제 풀이에서 가장 중요한 관건은 '문제를 정확히 파악하는 것'이다. 첫 단추를 잘못 끼우면 자칫 문제풀이와 상관없이 많은 시간을 낭비할 수 있다.

3. 문제를 오려 붙이고, 답안지 풀이와 필요한 공식을 적어넣는 방법

가장 간편한 방법이다. 다음에 다시 풀어볼 수 있도록 문제와 답안을 따로 작성하는 것이 좋다. 이 문제가 자신의 '구멍'에 해당된다면, 비슷한 유형의 문제들도 찾아서 같이 붙여두는 것이 효과적이다.

Page 1	Page 2
단원 문제 해답 자신만의 노트	*같은 유형의 문제들을 붙인다

공부벌레 남상오 학생은 말한다. "공책의 절반 만한 크기로, 앞장에는 문제(3개 정도), 뒷장에는 그 문제들의 해답을 붙였다. 둘 다 문제집을 오려서 붙였다."

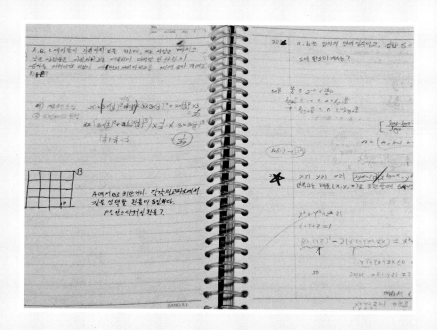

대진고등학교를 졸업하고 서울대에 진학한 김현진 학생의 수학 오답노트.
오답노트에 자신이 직접 문제와 풀이를 적어넣었다.

```
1. 방정식과 부등식              2. 함수의 극한과 연속성

1) 방정식                      1) 함수의 극한

(1) 분수방정식                 limf(x) = a 또는 x → a일 때, f(x) → a
    분수방정식, 유리방정식, 무연근

(2) 무리방정식                 2) 함수의 연속성

2) 부등식                      최대최소의 정리…

(1) 삼자부등식과 사차부등식
    삼차부등식, 고차부등식

(2) 분수부등식…
```

연습장에 작성하는 마인드 매핑 예시

    '구멍 찾기'의 또 다른 방법에는 앞에서 소개한 마인드 매핑이 있다. 빈 종이에 단원의 제목과 그 단원에 나오는 공식들을 생각나는 대로 적어 내려가는 방법이다. 단원이나 공식을 잘못 적거나 생각이 안 나면, 그 부분이 자신의 '구멍'일 것이다.

교과서를 믿고 또 믿어라

2005년 휘문고등학교를 졸업하고 서울대 생물화학부와 연세대 의대, 순천향 의대에 복수 합격한 배기웅 학생은 다음과 같이 강조한다.

    "입시설명회에서 수학 교과서를 많이 보라는 충고를 들은 후 교과서를 서너 차례 읽으면서 원리 이해를 충실하게 다질 수 있었어요. 그 후 성적이 많이 올랐습니다."

    흔히 주요 과목으로 분류되는 국어, 영어, 수학의 교과서에 대한 평가는 탐구과목들보다 뚜렷이 떨어진다. 탐구과목들에 있어서 교

과서의 중요도가 그만큼 높아서이기도 하지만, 주요 과목들을 교과서로만 공부하기에는 한계가 있다는 것이 공통적인 의견이다.

그럼에도 불구하고, 많은 수학 공부벌레들이 수학 교과서의 중요도를 높게 평가했다. 이는 수학이라는 과목에 있어서 개념을 이해하는 것이 무척 중요하고, 교과서가 그 이해에 많은 도움이 될 수 있다는 조언이다. 공부벌레 정도의 수준에 이른 학생이라면 교과서 정도는 기본적으로 완전하게 이해하고 있을 것이라고 추측할 것이다. 하지만 공부벌레들도 교과서 학습에서 놓치는 것들이 많았다.

서초고등학교를 졸업하고 KAIST에 진학한 유제현 학생의 말이다.

"진도가 한참 나간 후에 다시 돌아와 꼼꼼하게 읽어보면, 제가 그때 제대로 알지 못한 채 지나친 부분이 뜻밖에 많다는 사실을 알 수 있었어요."

진도 나가는 재미! 도전하는 재미! 성취하는 재미!

수학이란 과목은 수를 좋아하는 학생들에게는 처음부터 재미있는 과목일지 모르나, 어려서부터 수를 싫어해 온 학생들에게는 여간 고민스러운 공부가 아닐 수 없다. 그렇다면 수학에 좀더 재미를 붙일 수 있는 방법은 없을까?

그 방법이 바로 '진도 나가는 재미'를 느끼는 것이다. 수학문제를 잘 풀어나가기 위해서는 문제해결 능력이라고 부르는 '응용력'을 발휘해야 한다. 따라서 수학에 재미를 느끼는 학생들은 대부분 공식을 기반으로 이러한 응용력을 발휘해 문제를 풀어나가는 것을 좋아하는 경우가 많다.

　다양한 단원과 문제유형을 헤쳐나가면서 원하는 답을 딱딱 떨어지게 얻을 수 있는 짜릿한 재미는 다른 어떤 과목에도 비할 바가 아니다.

　수학의 바다에서 원하는 단원을 하나하나, 차근차근 내 것으로 만들어나가는 재미가 바로 많은 공부벌레들이 한결같이 말하는 수학학습의 묘미라고 할 수 있다. 수학올림피아드를 준비했던 신기창 학생의 말에 귀 기울여보자.

　"수학은 저뿐 아니라 대부분의 학생들에게 처음에는 재미 없는 과목일 수밖에 없겠죠. 하지만 꾸준히 노력해 일정한 수준의 '선'을 넘어서면 정답을 알아가는 과정, 즉 딱 떨어지는 느낌과 다양하게 응용되는 문제들에 대한 흥미를 점점 느낄 수 있어요. 문제는, 그 선을 넘기가 매우 힘들다는 거예요. 어렸을 때는 정말 저도 억지로 학원을 다녔어요. 하지만 억지로라도 공부해서 기본기를 쌓고 보니까, 수학만큼 편하게 공부할 수 있는 과목이 없더라고요."

　현재 수학공부에서 재미를 느끼지 못하는 학생은, 신기창 군이 말한 일정한 '선'에 이르지 못한 것이다. 특히 수학과목은, 가만히 있는 내게 점점 다가와 주지 않는다. 내가 수학에게 적극적으로 접근해 가야 한다. 적극적으로 다가서면, 수학은 어느새 내게 손을 뻗치고 흥미를 부여한다.

　우리는 보통학생들과의 인터뷰를 통해, 수리능력은 뛰어난데도 수학공부에 영 재미를 붙이지 못하는 학생들이 의외로 많다는 사실을 알 수 있었다. 한번 싫어하는 과목으로 낙인을 찍으면, 영영 수학의 바다에서 헤엄칠 수 있는 기회조차 갖지 못하는 학생들이 대부분

172

이었다. 이처럼 공부에 있어서는 그 공부에 대해 갖는 '마인드'가 정말 중요하다. 수학을 그냥 나오는 상관없는 과목, 내 성적을 깎아먹는 부담스러운 과목으로 남겨놓아서는 결코 성과를 얻을 수 없다. 이 점을 명심하라. 수학 공부벌레들은 다음과 같이 진심으로 충고한다.

"수학의 문을 당당하게 두드리세요. 그러면 분명 열립니다."

수학은 남다른 재미와 매력을 가진 과목이다. 과천외국어고등학교에 다니는 이소희 학생은 강조한다.

"도전하는 마음으로 문제를 풉니다. 산이 거기 있기 때문에 오른다는 산악인들처럼요. 저의 자존심을 모두 걸고 문제를 풉니다. 풀지 못하면 자존심이 짓밟힌다는 생각을 하죠."

이소희 학생뿐 아니라 경시대회를 준비하는 많은 수학 공부벌레들은, 수학을 공부하면서 도전하고 성취하는 재미를 느낀다고 털어놓는다. 경시대회에서 원하는 결과를 얻었을 때 말할 수 없는 희열을 맛본다는 것이다.

언어나 사회영역에 비해 수학문제는 난이도 조정을 통해 성취도와 지적 능력을 판가름할 수 있는 유용한 도구가 되기도 한다. 따라서 수리능력에 자부심을 가진 학생들은 어려운 문제에 도전하면서 자신을 시험해 보기도 한다. 이것이 바로 수학공부를 잘 하는 학생과 그렇지 않은 학생의 큰 차이다.

달리는 말에 채찍질을 하듯 수학 공부벌레들은 좀더 높은 수학의 봉우리를 향해 끊임없이 오르려고 하지만, 그렇지 않은 학생들은 문제를 대할 때 별 감흥이 없다. 이것이 곧 실력의 차이로 굳어진다. 많은 수학 공부벌레들이 참고서와 문제집을 섭렵하는 것을 넘어,

다른 학생들과의 실력 겨루기에서 커다란 흥미를 느끼고 있었다. 마치 게임을 할 때 온라인을 통해 다른 사람과 실력을 겨루듯이 수학문제의 풀이과정을 즐기는 것이다. 이쯤 되면 수학공부에서 최고의 경지에 올랐다고 말할 수 있으나, 보통학생들은 이 정도까지는 필요 없다고 느낄지 모르겠다. 하지만 성취도가 높은 학생들이 느끼는 수학에 대한 태도는 어느 정도 배울 필요가 있다는 사실을 염두에 두기 바란다. 수학은 다른 과목과는 다르게 도전하고 성취하는 재미를 가지고 있다. 그리고 그 방식은 풀이과정과 명확한 해답으로 정확하게 판가름난다.

수학에 재미를 붙이고자 한다면 반드시 이러한 수학의 특징을 내 것으로 받아들이기 바란다. 그리고 난이도가 낮은 것에서부터 차근차근 성취도를 높여나가는 재미를 느낄 수 있기 바란다. 그런 노력을 할 수 있다면 수학은 더 이상 '머리 아픈' 과목이 되지는 않을 것이다.

03

영어영역
– 문장을 많이 갖고 있는 자가 절대 강자다!

영어영역은 대체로 '문법', '독해', '단어', '듣기', '쓰기' 등으로 그 분야를 나눌 수 있다. 우선 듣기와 쓰기는 제외하고, 문법과 독해, 단어공부를 할 때 많은 학생들이 다음과 같은 고민을 한다.

"문법을 확실하게 정리하고 독해를 준비해야 할까요?"

"독해와 문법을 병행해서 공부할 수 있나요?"

"단어는 단어장을 따로 만들어서 외우는 것이 좋나요? 아니면 문제를 풀면서 모르는 단어가 나올 때마다 문제집에 직접 정리하는 게 나은가요?"

영어 공부벌레들에게서 가장 많이 나온 답변은 다음과 같다.

"기초적이고 중요한 문법과 단어들은 일단 중학교 때 정리합니다. 그리고 독해를 하면서 모르거나 중요한 문법이 나오면 그때그때 정리합니다."

문법을 공부할 때는 일단 '중요하다'고 여겨지는 것들을 중심으로, 널리 사용되는 기본 학습서로 공부한 다음 심화학습에 들어간다는 의미다. 나중에 기억조차 가물가물해질 문법을 지금 붙잡고 끙끙대는 것은 비효율적이라는 것이다. 학년에 관계없이, 영어를 공부하려면 기본으로 다시 돌아가야만 일정한 효과를 얻을 수 있다. 기본이 없으면 성적향상도 없다는 게 영어 공부벌레들의 단호한 확신이다.

"독해하는 데 필요한 문법 정도만 정리하면 충분해요. 따로 특별하게 문법을 공부하지는 않았어요. 더욱이 수능에 출제되는 문법은 그 유형이 뻔합니다."(장윤우, 안양고등학교, 전교석차 200등 상승, 모의고사 전교 1등)

"문법이 중요하지는 않지만 기본이 됩니다. 독해구문 안의 문법을 공부하는 정도면 충분합니다."(민서연, 과천여고 전교 1등)

"관계대명사, 분사구문 등 문법은 중요한 것만 공부하면 됩니다."(박상복, 홍익고 졸업, 서울대 진학)

"중학교 때 《성문기초영어》 정도의 문법을 먼저 공부하는 것이 좋습니다. 중학생 시절에 공부한 내용은 어차피 고등학교 때는 전부 기억하지 못하죠. 고등학교 때 독해를 하면서 필요한 문법들을 보충하면 충분합니다."(김현진, 대진고 졸업, 서울대 진학)

단어장을 보지 마라

물론 영어 공부벌레들 중에서도 문법을 확실하게 정리하고 독해를 했다거나, 독해를 중점적으로 공부하고 문법은 거의 보지 않았다는 학생들도 있었다. 하지만 문법책에는 문법과 더불어 필요한 단어, 독해 등이 수준별(예를 들어 기초→기본→종합 등)로 들어 있기 때문에 단계적으로 문법과 독해실력을 모두 키우려는 학생들에게는 효과가 있다. 다만, 딱딱한 공부에 쉽게 질리는 학생일 경우에는 바람직하지 못하다.

중요한 것은 단어나 문법공부는 모두 독해와 병행되어야 한다는 것이다. 단어만 따로, 문법만 따로 공부하는 것은 효율적이지 못하다.

장윤우 학생은 영어학습에 있어서 가장 후회한 점으로 '단어장을 사서 공부한 것'을 꼽았다. "단어는 무조건 문장을 통해 외워야 합니다."

포항제철고를 졸업하고 서울대에 진학한 서동준 학생 또한 최대한 문장을 많이 외울 것을 권장한다.

무릇 영어단어란, 어떤 일정한 '필요'가 생기거나 '어디서 본 적이 있다'는 연상작용이 일어날 때 가장 효과적으로 공부할 수 있다. '…를 영어로 뭐라 그러더라?' 하는 생각으로 단어를 찾아 외우는 것과 단어장에서 줄줄이 외우는 것은 다르다. 또 독해문제집이나 문법책을 통해서 공부하는 단어공부가 단어만을 모아놓은 단어집 공부보다 훨씬 효과적이다.

시험에서 틀린 문제에 해당하는 지문에 등장한 모르는 단어들을 정리한다거나, 문장과 함께 단어를 외운다는 이유가 바로 그 때문이다. 단순히 '단어'로 기억을 되짚는 것이 아니라 문장의 줄거리와 함께 기억되기 때문이다.

독해의 경우에는 지문 중간에 모르는 단어가 나오더라도 그냥 쭉 읽어 나가는 것이 좋다. 부분부분에 얽매이면 전체의 뜻을 파악하는 데 늦어지고, 전체의 내용을 통해 모르는 단어의 뜻을 유추할 수 있는 경우가 흔하기 때문이다. 하지만 단기간에 영어성적을 올리고 싶고, 그만큼 시간을 쏟을 수 있다면 단어공부를 따로 하는 것도 권장하는 바다. 보성고등학교를 졸업하고 KAIST에 진학한 김재근 학생의 말을 들어보자.

"한 달 동안 영어단어책 3권을 암기했습니다. 그러자 독해실력이 부쩍 늘더군요. 중상위권 학생들에게는 이 같은 공부방법을 권하고 싶습니다."

피할 수 없으면 즐겨라

영어를 '죽어라' 싫어하는 학생들은 영어만 생각하면 가슴이 답답해진다고 한다. 이런 학생들은 정말 어쩔 수 없이 시험 점수 때문에 억지로 참아가며, 무슨 물리 공식 외우듯이 문법의 형식을 무작정 암기한다. 이렇게 해서라도 점수가 잘 나오면 그나마 위안이 되겠지만, 점수도 기대한 만큼 안 나오고 나중에 사회에 나가서 그렇게 억지로 참고 공부했던 영어가 무용지물이 되고 만다면 정말 심각한 상황이 아닐 수 없을 것이다.

우리가 조금만 더 관심을 가질 수 있고 재미있다는 생각이 들게끔 영어를 배울 수만 있다면 투자한 시간에 대비해 훨씬 더 좋은 결과를 얻을 수 있는 과목이 영어과목이라고 공부벌레들은 입을 모은다.

영어 공부벌레들 가운데서도 문법책을 위주로 공부하는 학생이 있는가 하면 독해를 중심으로 공부하는 학생들도 있었다. 시험 점수를 생각해 볼 때는 딱히 어떤 방법이 더 좋다고 말하기는 힘들다. 하지만 결국 모든 영어 교육의 목적인 외국인과의 자유로운 대화나 자신의 의사를 정확히 전달할 수 있는 능력에 대해서는 후자의 공부 방법이 훨씬 더 효과적이라고 할 수 있다. 박상복 학생의 인터뷰 가운데 다음과 같은 내용이 눈에 띈다.

"영어는 외국인에게는 국어이겠죠. 따라서 영어공부는 국어공부와 그 맥락이 닿아 있습니다. 많은 지문들을 살펴보면서, 그 속에서 어색하거나 틀린 문법들을 찾아 맞는 표현으로 고칠 수 있는 능력이 무엇보다 중요하다고 생각됩니다."

우리말에 능통한 외국인 영어강사들 가운데, 틀린 한글 문법을 정확하게 짚어내는 사람은 과연 몇이나 될까? 영어도 마찬가지다. 현지인보다 문법을 더 많이 아는 것은 아무런 의미가 없다. 문법만 수학공식처럼 달달 외운다면, 영어공부에 무슨 의미가 있겠는가. 문법은 좀 모르더라도 풍부한 문장을 알고 있다면, 외국인과의 의사소통에 무리가 없지 않겠는가. 수능은 이와 같은 영어공부의 목적의 연장선상에 있다. 따라서 많은 지문과 문장 들을 통해 단어를 공부하고, 문법을 자연스럽게 습득하는 학습방법을 공부벌레들은 적극 추천한다.

보드 게임을 통해 실력을 업그레이드 하라

그렇다면 좀더 효과적이고 흥미롭게 영어를 배울 수 있는 방법으로는 무엇이 있을까?

첫째, 게임을 통한 영어공부가 있다. 안양고등학교에 재학 중인 최윤선 학생은 이렇게 말한다.

"초등학교 시절에는 문법공부가 적합지 않습니다. 가벼운 회화나 게임 등을 통해 재미와 흥미를 유발할 수 있는 공부법이 무엇보다 절실합니다."

영어 공부벌레들은 어렸을 때부터 흥미를 갖고 영어를 접해야 한다는 사실을 강조했다. 그리고 그와 같은 흥미를 위해서 '보드 게임'을 유용한 도구로 꼽았다.

우리가 흔히 접하는 보드 게임방의 게임들은 대부분 외국에서 만들어진, 외국사람들이 즐겨 하는 게임들이다. 우리나라 사람들은 아직도 미국이나 유럽 사람들의 보드 게임에 대해 그 중요성을 미처 깨닫지 못하고 있다.

미국의 일반 가정은 보통 수십 종류의 다양한 보드 게임을 구비하고 있으며, 또 수시로 가족들과 게임을 즐긴다. 물론 어떤 게임은 정말로 많은 추리를 해야 하고, 또 다양한 지문을 읽어가며 진행해야 하기 때문에 아이들에게 상당한 난이도의 지적 능력과 언어능력을 요구하기도 한다.

중요한 것은, 아이들은 자신의 흥미를 자극하는 이런 게임을 할 때 모르는 단어가 나오면 사전을 찾아보는 것을 마다하지 않는다. 왜냐하면 단어를 모르면 게임 진행이 안 되기 때문이다.

한 예로 거의 모든 미국의 ESL(English as a Second Language) 반들은 이와 같은 보드 게임을 몇 종류씩 갖추고 있다. 영어로 각국의 나라에서 온 학생들을 가르쳐야 하는 ESL의 선생님들에게는 반 친구들과 서먹한 감정을 없애고, 또한 자연스럽게 학생들이 표현하고 싶어하는 것들을 상황에 맞게 학습시키는 것을 가능케 하는 효과적인 도구가 바로 보드 게임이다. 게임 진행 중에 영어를 한 마디도 못하는 학생이 자신의 의견을 어떻게 표현해야 할지 몰라도, 게임의 목적은 다 알고 있는 것이기에 선생님은 그 상황에서 학생이 무슨 말을 하고자 하는지 어렵지 않게 알 수 있다. 아울러 영어는 결코 어려운 과목이 아니라 게임처럼 흥미진진하고 재미있는 '놀이'라는 인식을 갖게 해주는 것이 바로 영어로 영어를 가르치는 ESL 프로그램의 교육목표다.

우리가 만난 영어 공부벌레들 중에는 어렸을 때 외국인 영어선생님에게 배운 학생도 있었다. 어린 시절 외국인 영어선생님과 공부를 함께한 대원외고의 김유신(가명) 학생은 말한다.

"언제 공부했는지도 모르게, 정말 노느라 정신 없는 사이에 나도 모르게 영어실력이 늘어 있었습니다."

만약 초등학교나 중학교의 영어수업에서 크게 벗어나지 않는 범위 내에서 흥미롭게 영어를 배울 수 있는 방법이 있다면, 이 같은 보드 게임을 적극 추천할 만하다. 영어실력이 출중한 학생들과 다양한 종류의 게임을 하며 스스로의 영어공부에 동기를 부여한다면 좋은 디딤돌이 되어줄 것이다. 늘 한 방향으로만 바라봐야 하는 파란 칠판과 흥미를 잃어버리게 하는 딱딱한 영어수업도, 어릴 때부터 스스로 영어공부를 지속해 온 학생에게는 그저 재미있는 과목일 뿐이다.

좋아하는 영화, 즐겨보는 만화로 공부하라

외국으로 유학을 갈 때 제일 먼저 갖춰야 할 기준이 되는 것이 바로 영어 듣기 능력이다. 말하는 건 둘째치고 당장 알아듣지도 못하면, 그날 숙제가 무엇이었는지도 모르기 때문이다. 흔히 외국어를 배울 때는 먼저 귀가 뚫려야 한다고 말한다. 자신을 표현하는 능력은 그 다음이다.

물론 학교에서도 영어 듣기 평가시험을 치른다. 하지만 일상생활에서의 회화 수준을 벗어 나지 않는다. 그저 영어 듣기 평가에 주로 나오는 구문들을 반복해서 듣고 외우면 그만이다. 하지만 재미는 없다. 마냥 지겨운 또 한 가지의 반복 학습이 되고 만다. 교과서에 대한 내용을 모두 암기한 후 교과서 해설판 테이프를 몇 번 듣고 나면 '필요'에 의한 학습방법은 물 건너 간다.

CBT 토플에서 297점을 받은 이화외고 이예솔(가명) 학생과 한영외고 전교 1등 김현주 학생은 말한다.

"영화를 좋아해 비디오를 많이 보았습니다. 특히 〈프렌즈〉(미국의 인기 시트콤)를 통해 공부했어요."

좀더 재미있게 듣기 실력도 키우고 문화적인 차이를 공부하는 방법으로 만화나 영화를 보는 방법을 권장하는 것이다.

자막이 없는 비디오 테이프를 시청한 다음에는 영어 캡션을 틀어 놓고 공부한다. 그리고 마지막으로 한글 자막을 보며 비교 청취를 한다는 것이다. 여러 영화를 관람하다 보면 서로 비슷한 상황에서 비슷한 구문을 만나게 되는데, 그 때마다 조금씩 다르게 번역된 한글자막이 나오는 것을 발견하게 된다. 즉 '아 다르고 어 다른' 표현들이 상황에 따라 조금씩 다르게 활용된다는 점을 발견하면 영어공부에 커다란 도움이 된다.

그저 무미건조한 영어구문을 한두 차례 들려준 다음 우리말로 딱딱하게 옮기는 내용을 무조건 외우기보다는 자신이 좋아하는 영화의 대사들을 녹음한 다음, 영화의 그 대사가 나오는 장면들을 연상하면서 그 뜻을 되새겨보는 것이 훨씬 재미있고, 머릿속에도 오래 남아 있을 것이 분명하다.

가끔 극장에서 외화를 보다가 남들은 심각한데, 혼자 깔깔대며 웃음을 참지 못하는 사람들을 발견할 수 있다. 이때 웃는 사람은 그저 실없어서가 아니라, 문화적 차이에서 오는 유머를 이해하고 있었을 뿐이다. 이처럼 많은 단어와 정확한 문법을 안다고 해서 영어를 잘한다고 말할 수는 없다. 문화적인 차이를 실제 유학을 가서 직접 체험해 보지 않고 가장 잘 배울 수 있는 방법이 바로 영화관람이다.

그 다음은 영어로 된 TV 프로그램을 시청하는 것이다. 옛날에 영어공부 열심히 하신 분들은 열이면 열, AFKN을 즐겨 시청했다고 털어놓는다. 요즘 학생들 사이에서도 학원에 가서 CNN 뉴스를 통해 듣기 능력을 향상시키는 방법이 유행이라고 한다. 물론 이들 방법은 모두 효과가 있고 국제정세를 파악하는 데도 도움이 된다. 하지만 재미는 없다.

자칫하면 그저 등 떠밀려 억지로 학원에 가는 학생이 더 많을 것이다. 영어 듣기도 바쁜데 딱딱한 뉴스만 보고 있으니 얼마나 재미가 없을까. 차라리 집에서 아리랑 TV를 시청하는 편이 한결 유용하다. 이미 알고 있는 내용의 뉴스나 관심이 많은 연예계 내용들을 영어로 된 표현으로 들어보면 좀더 빠르게 그 표현들을 이해할 수 있을 것이다. 한국인 출연진이 발음이 좋지 않을까 봐 걱정하는 학생들도 있을 듯한데, 아리랑 TV 프로그램에 등장하는 한인 2세들은 정통 미국식 발음을 구사한다. 오히려 CNN 방송은 다국적 방송이라, 세계 각지의 여러 나라 특파원들의 발음이 더 정확하지 않아 알아듣기 힘들다.

서브노트(Sub-note)를 만들어라

공부벌레들은 오답노트를 작성하는 과목으로 '수학'을 가장 많이 꼽았고, 그 뒤를 잇는 과목이 바로 영어의 서브노트였다. 영어에서 많은 학생들이 서브노트를 만드는 것은, 문법과 단어 및 숙어 등 자신이 모르는 것을 정리해 놓는다는 차원을 넘어서 영어의 경우 '지문 전체'를 통한 공부가 매우 중요하기 때문이다.

영어의 서브노트도 기본적으로는 수학의 오답노트 만들기와 같다. 수학과목에서 오답노트를 만들 때는 문제를 직접 쓰는 학생도 있고, 문제를 오려 오답노트에 붙이는 학생도 있었다. 이와 마찬가지로 영어 서브노트에서도 지문과 문제를 오려 붙이는 학생도 있었고, 문장을 직접 쓰는 학생들도 있었다.

전자의 학생들은 시간적 '효율성'을 중시하는 경우이며, 후자의 학생들은 '완벽성'을 추구하는 성향을 갖고 있다는 점이 차이다. 어떤 방식이든 자신의 스타일에 맞게 선택하면 충분하다.

그보다 중요한 핵심 포인트는 문제와 별개로 정리되는 내용들에 있다. 서브노트를 작성할 때는 '자신에게 꼭 필요한 사항'을 적는다

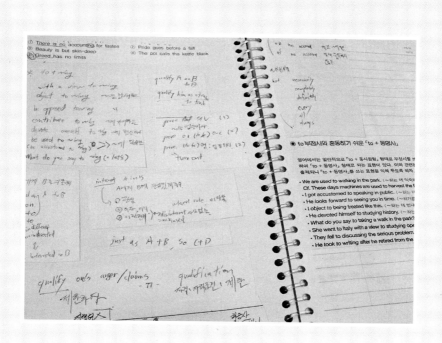

단어 등 모르는 사항들을 정리해 서브노트를 만든다.

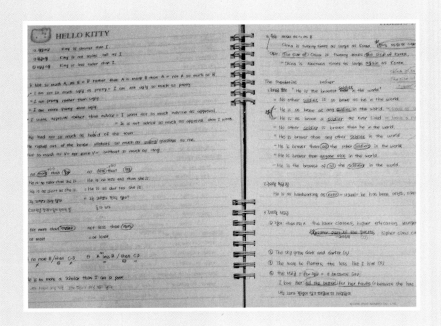

해석은 적어두지 않고, 밑줄이나 빗금으로 표기한다.

날짜	독해
○○문제집	(문장)
×× p.	
	단어　　　　　　[사전예문]
△△문제집	문법
×× p.	27. (문장)

책이름, 쪽수, 날짜를 적고, 문장을 직접 쓴다

는 것이다. 해답 내용들을 줄줄이 적어넣을 필요는 없다. 해답서에서도 필요한 것만 골라 정리하고, 또 문장에서 문법 등 자신이 취약한 분야를 찾아 정리하는 '자신만의 노트'가 무엇보다 중요하다. 어느 정도 여백을 남겨두면, 나중에 더 필요한 것이 생길 때 기입할 수 있어 편리하다.

공부벌레들이 추천하는 단계별 학습법

1단계 흥미 붙이기(초등학교~중학교 1학년)

어린 시절 유니세프의 장관급 모임에 한국 대표로 참석해 전세계 어린이들과 영어토론을 벌인 특별한 경험이 있는 대원외국어고등학교의 이상돈 학생이 말하는 영어공부법은 다음과 같다.

"처음 영어공부를 시작할 때는 어떤 형식이든, 일정한 '도움'을 받아 영어공부에 재미를 붙이는 것이 효과적입니다."

외국인 선생님도 좋고, 아니라도 상관없다. 자칫 지겹고 어렵게 생각할 수 있는 영어를 부담없이 접하게 해줄 수 있는 도움을 얻으면 충분하다.

우리가 처음 모국어를 배울 때를 생각해 보면 '영어를 어떻게 공부해야 하는가'에 대한 답이 어렵지 않게 나온다. 아이들에게 말을 가르쳐줄 때, 논리적으로 '이렇고 이래서 이렇게 말해야 된단다'라고 일러주는 경우는 없다. 생활 속에서 관심이 가는 사물들이 무엇인지(제일 먼저 배우는 말이 '아빠', '엄마'가 아닌가) 하나 둘 알아가는 것이다. 영어도 이와 별반 다르지 않다. 그런 의미에서 영어학습의 시작은 빠르면 빠를수록 좋다.

앞에서 소개한 것처럼 대원외고 김유신(가명) 학생은 '공부했는지도 모르게 노는 사이에 실력이 늘어 있었다'라고 말한다. 이는 어찌 보면 당연하다. 선생님과 영어로 '노는' 사이에 '영어공부를 한다'는 생각은 할 새도 없이 공부가 되어 있었던 것이다.

2단계 재미를 찾아 공부하기, 감각 키우기(중학교 1~3학년)

초등학교 때 영어에 '익숙'해졌다면, 중학생 시절에는 문법의 기초를 확실하게 다져두는 것도 좋다. 다만 문법이란 딱딱한 주제를 공부할 때는 자칫 영어 전체에 대한 흥미를 잃어버릴 수도 있으므로, 한번에 모든 것을 하겠다는 생각보다는 반복학습을 한다는 자세로 처음에는 기초적인 사항들을 중점적으로 정리한다.

어느 정도 기본실력을 쌓았다면 앞에서 이야기한 대로 자신이 지속적으로 관심을 가질수 있는 소재(음악이나 영화 등)를 찾아서 공부한다. 이상돈 학생의 경우, 영어공부의 2단계로서 소설이나 영화 등 자신이 좋아하는 것을 이용해 공부할 것을 적극 추천했다. 이상돈 학생은 중학교 시절 평소에 좋아하던 《해리포터》 소설의 오디오북을 따라 공부하면서 영어실력을 크게 향상시켰다고 설명한다.

무릉고등학교를 졸업하고 KAIST에 진학한 김수경 학생의 경우에는 영어로 된 서적을 찾아보며 영어공부의 재미를 찾았다.

"선행학습을 할 때는 초조해하지 말고, 재밋거리를 꼭 찾아야 합니다. 진도 나가는 데 집착하면 남는 게 없죠. 외국서적을 찾아서 읽으면 흥밋거리를 발견할 수 있어요. 중학생 때 옥스퍼드 대학 출판부에서 출간한 회화서적을 읽고 있었는데, 그 해 수능시험에 그 책에서 인용된 지문 하나가 똑같이 출제되었어요."

만일 초등학생 때 영어에 익숙해지는 시기를 놓쳤다면, 그보다는 조금 부담되겠지만(공부라는 생각을 해야 하므로) 학원이나 과외 선생님을 통해 영어에 대한 감각을 키우는 것이 좋다.

영어 공부벌레 최윤선 학생은 후배들을 위해 다음과 같이 충고한다.

"《성문기초영어》 등 쉬운 책으로 문법을 익히세요. 너무 어려우면 영어가 싫어질 수도 있거든요. 회화학원을 다니거나 과외 등을 통해 감각을 키우는 것도 효과적이죠."

영어는 하루도 빠지지 말고 공부하는 것이 무엇보다 중요하다. 비단 영어뿐 아니라 주요 과목들을 매일 공부해야 하는 이유는 두 가지다. 하나는 말 그대로 중요하기 때문에 알아야 할 것들이 많아서이고, 두번째 이유는 언어, 수학, 영어 모두 '감각'을 유지하는 것이 중요하기 때문이다.

서울대를 졸업한 어떤 사람이 어느 날 a로 시작하는 단어가 있는데, 갑자기 그 뜻이 생각이 안 나더란다. 어디서 많이 보았고 분명히 자신이 아는 단어라고 생각했지만 어쨌든 사전을 펼쳐보았다고 한다. 사전에는 그 단어의 뜻이 '사과'로 나와 있었다. 웃으라고 하는 이야기도 아니고, 지어낸 유머도 아니다. 그만큼 공부에 있어서 감각을 유지하는 것이 중요하다는 뜻이다.

3단계 수능 대비 공부(고등학교)

본격적인 수능공부에서는 재미만이 있을 수 없다. 대신, 중학교 때까지 어떤 방법으로든 기본적인 감각과 문법실력이 갖춰졌다면 그 다음부터는 실전훈련이 필요하다.

과천고 김영환 학생의 말에 귀 기울여보자.

"기본적인 문법과 독해실력을 갖췄다고 판단되면, 계속해서 문제를 풀어야 합니다."

학생들을 포함해서 직장인, 유학 준비생들이 많이 치르는 시험으로는 토익과 토플이 있다. 이들 시험의 1차 목적은 '평소 영어실력의 평가'다. 하지만 그 취지와는 달리, 시험을 많이 치른 사람일수록 점점 높은 점수를 받게 마련이다. 아울러 영어실력만으로는 만점을 받을 수 없다. 과연 미국 대학생이라면 어렵지 않게 토플 시험에서 만점을 받을 수 있을까? 대답은 '아니오'다.

한국 학생들이 GRE시험에서 거의 만점을 받는 것을 보고 미국 대학원들이 안심하고 합격을 시켰다가 영어 한 마디도 제대로 하지 못하는 것을 보고 실망했다는 이야기를 우리는 많이 듣는다. 따라서 영어 공부벌레들은 수능 대비를 위해 문법책을 달달 공부하는 것보다는 모의고사 문제집을 많이 풀고(특히 고등학교 3학년 때는 '모의고사 문제만 풀었다'는 학생들이 많다), 그때그때 필요한 문법이나 중요 사항을 체크하는 방법을 적극 활용한다.

아울러 듣기에 대한 대비는 쉬는 시간이나 등하교 시간에 MP3 플레이어를 이용해 공부하고, 실전용으로는 수능문제들을 '받아쓰기'를 통해 공부한다.

CBT 토플 297점, 이예솔 학생이 권장하는 영어공부

이예솔 학생에게는 영어학습에 대한 특별한 경험이 있다. 초등학교 때 3년 동안 미국으로 교환학생을 다녀왔다. 원어민 수준의 발음에, 영어특기를 생각 중이라 CBT 토플에서 297점이라는 초고득점을 받았다.

'외국에서 살다 왔으니 당연히 잘 하겠지…'라고 치부해 버리고 말 학생들이라면 이 책을 더 이상 읽을 필요가 없다. 앞에서 설명했지만 이 같은 고득점은 미국 대학생들도 쉽게 얻기 힘들다. 최소단위인 3점 감점. 그리고 3점 감점을 받은 부분이 듣기나 에세이(Essay)가 아니라 독해 분야(Reading Part)라는 것도 흥미롭다.

다음은 이예솔 학생과의 실제 인터뷰 내용이다.

Q 유학은 언제 다녀왔죠?

A 초등 2학년 때부터 3년간 미국에서 지냈어요.

Q 현지 적응은 어떻게 했나요?

A 학교에 교포 선생님이 계셔서 많은 도움을 받았어요. 처음에는 내가 말할 때마다 모두 웃어서 창피해서 어쩔 줄 몰랐어요. 내가 영어에 서툴러서 그런 것도 있지만, 외국학생이 없는 곳이라 내가 이야기하는 게 그냥 재미있었다고 하더군요. 1년 동안은 수줍어서 선생님과만 겨우 대화를 나눌 정도였어요.

Q 귀국 후에는 영어공부를 어떻게 했나요?

A 집에서 동생이랑 몇 년 동안 영어로 의사소통을 했어요. 엄마가 영어를 잊지 말라고 학원에 보내주었는데, 수준에 맞는 학원이 토플 학원이었어요.

Q 어떻게 하면 토플에서 고득점을 올릴 수 있을까요?

A 문법은 〈해커스 Grammer〉를 통해 공부했어요. 똑같은 유형별로 문제가 많이 나와 있어서 문장을 통해 자연스럽게 익힐 수 있어요. 듣기는 매일 공부하는 수밖에 없어요.

Q 한국 학생들은 특히 에세이 분야에서 힘겨워하는데… 어떻게 공부를 했나요?

A 토픽(Topic)별로 써보는 연습을 했어요. 글을 쓰는 시간이 길지 않기 때문에 시험 보기 전 서포팅 사례(Supporting Example)를 여러 가지 익혀두는 것이 좋아요. 글을 쓰는 데 필요한 표현들은 책을 많이 읽는 것으로 익혔어요.

Q 공부하는 데 힘들었던 점은 없었나요?

A 아무리 애를 써도 점수가 잘 오르지 않는 게 독해죠. 특히 문장을 파악하고 주제를 찾는 게 좀 어려웠습니다.

Q 영어를 어려워하는 친구들에게 해주고 싶은 말이 있다면?

A 말하기, 듣기는 매일 공부하는 게 너무너무 중요해요. 좋아하는 것과 영어를 연결해서 공부하는 게 좋아요. 저는 영화를 좋아해서 비디오를 많이 보았죠. 영어를 일부러 너무 잘 쓰려 하지 말고, 한국말을 섞어서라도 자연스럽게 빨리 쓸 수 있도록 노력하는 게 중요합니다. 우리나라 사람들은 필요 이상 문법에 맞게 쓰려고 하는 경향이 있는 것 같아요. 틀려도 막 쓸 수 있도록 하는 것이 좋아요.

주말과 방학에도 공부 전략이 필요하다

주말, 특히 방학 기간은 스스로 공부할 수 있는 시간이 많은 때다. 바꾸어 말하면 자신에게 주어진 시간이 많기 때문에 그만큼 시간관리를 잘 해야 하는 시기라는 의미다. 방학 기간은 학기 중 보충하기 힘들었던 과목을 집중적으로 공부할 수 있는 기회이자 앞으로 배울 내용을 예습할 수 있는 기간이기도 하다. 그러나 학기 때보다는 아무래도 여유 시간이 많이 생기고 긴장했던 마음이 어느 정도 느슨해지는 일은 당연하다. 그렇다면 공부벌레들은 방학 동안의 시간관리를 어떻게 할까? 공부벌레들의 방학 기간 시간관리법은 크게 두 가지로 나뉜다.

학원 수강을 이용한 시간 관리
스스로 계획을 세우고 실행하는 것이 취약한 학생은 학원을 통해 자신을 통제하는 것이 필요하다. 학원을 정할 때는 개념정리를 위주로 할 것인지 문제풀이를 중심으로 할 것인지, 또 자신의 실력과 성적에 맞춰 과목과 시간을 결정해야 한다. 그리고 남는 시간을 잘 활용함으로써 자칫 느슨해지기 쉬운 긴장감을 유지하는 일이 중요하다.

학기 중에 못한 자기 공부하기
'스스로 하는 공부'에 익숙한 학생들, 또 스스로 시간 관리를 잘 하는 스타일이라면 학기 중에 부족했거나 취약한 과목 중심으로 직접 계획을 세워 실행·평가하도록 한다. 일례로 모의고사 문제풀이에서 오답확인과 정리까지는 꼬박 하루가 걸리기 때문에 학기 중에는 실천하기가 여의치 않다. 그러나 방학에는 실제 시험처럼 시간을 정해 놓고 모의고사를 풀어볼 수 있는 시간적 여유가 있다. 이 연습은 문제풀이의 시간관리를 돕는다. 특히 실제 수능에서 생기는 긴장감을 일부분이나마 완화해 주는 역할도 한다. 긴장감 때문에 제 실력을 발휘하지 못할 것을 대비해 원래 수능시간의 80% 정도로 모의시험 시간을 정해 놓고 연습하는 학생도 있다. 이처럼 방학 기간은 여러 모로 도움이 된다. 뒤진 공부를 보충하거나, 평소 관심을 두고 있던 공부도 할 수 있다. 또 심화학습도 가능하다. 그러나 무엇보다 스스로 공부하는 시간을 어떻게 관리하느냐가 관건이다. 특별한 공부 전략도 없이 방학을 보낸다면 긴 한숨만 내쉬게 될 것이다.

주말과 방학에는 시간관리를 어떻게 하나요?
- 아무래도 주말에는 긴장감이 풀린다. 하기 싫은 공부를 억지로 하는 것보다는 닥치는 대로 책을 읽는 게 더 낫다. **– 강민구(군포고)**
- 주말에는 부족한 부분을 보충하고, 방학 기간에는 모의고사를 많이 풀었다. 특히 영어학습에 많은 도움이 됐다. **– 강봉준(단대부고 졸업, 연세대 수시입학)**
- 방학이 되자 학원을 정하고 학원 시간에 맞춰 공부했다. 수강 과목은 그때그때 다르다. 고등학교 1학년 때는 영어·수학 중심이었고, 고등학교 3학년 때는 주로 인터넷 강의로 사회탐구 영역을 공부했다. **– 경민철(가명, 경기고 졸업, 서울대 진학)**
- 1주일에 두세 차례씩 시간을 정해서 모의고사를 풀었다. 하루를 꼬박 투자하면 모의고사를 다 풀고 검토까지 할 수 있다. 학기 중에는 하기 힘든 일이다. **– 민서연(가명, 과천여고)**
- 방학 기간 중에는 오전, 오후, 저녁 각각 3시간씩 나누어 공부했다. 그리고 1주일 단위로 계획을 세웠다. **– 민병훈(현대고 졸업, 서울대 진학)**
- 방학은 한 가지 과목에 집중적으로 투자할 수 있는 기간이다. 너무 욕심내지 말고, 취약한 한두 과목을 마스터하는 것이 좋다. **– 박주현(광주 동신고 졸업, 서울대 진학)**

04

과학탐구영역
– 시간이 걸려도 '개념'을 정확하게 파악하라!

과학탐구영역은 새로운 7차교육과정의 바뀐 제도에 따라 6차교육과정보다 그 중요도가 다소 줄어든 것이 사실이다. 예전에는 문과학생도 과학과목을 수능에서 치러야 했지만, 새로운 제도에서는 아예 안 봐도 되기 때문이다.

그렇지만 여전히 이공계로 진출하고자 하는 학생들에게 과학탐구는 반드시 넘어야 할 산이다.

과학탐구영역은 물리, 화학, 생물, 지구과학 등 네 과목으로 구성되어 있다. 하지만 공부벌레들은 주로 물리, 화학, 생물 등을 선택하고 있었다. 물론 대다수의 학생들이 지구과학보다는 물리, 화학, 생물을 선택하는 추세다. 따라서 여기에서는 물리, 화학, 생물 과목에서 공부벌레들의 학습방법에 대해 살펴보았다.

2005학년도 대학입시 과학탐구영역 선택과목별 응시자 현황			
과목명	응시자 수(명)	과목명	응시자 수(명)
물리 I	110,285	물리 II	25,469
화학 I	177,455	화학 II	79,823
생물 I	170,728	생물 II	65,595
지구과학 I	98,874	지구과학 II	17,328

흔히 수학을 잘 하는 학생이 물리를 잘 하고, 암기를 잘 하는 학생이 화학이나 생물에 뛰어나다는 말을 하곤 한다. 그것은 이번 인터뷰 결과에서도 뚜렷하게 입증되었다. 공부벌레들 가운데 특히 수학을 좋아하는 학생들은 대부분 물리과목을 선호했으며, 생물을 좋아하는 학생들이 화학과목도 선호했다.

동천고등학교를 졸업하고 KAIST에 진학한 최치원(가명) 학생은 강조한다.

"과학탐구영역에서는 '개념'이 특히 중요합니다. 내용에 대한 숙지 없이 문제만 푸는 학생들이 많은데, 이런 방법은 좋지 않아요. 먼저 배운 이론을 써가면서 그 내용을 외우고, 외운 것을 정리한다는 입장에서 문제를 풀어야 합니다. 물론 내용에 대한 숙지가 이루어진 다음에는 가능한 한 문제를 많이 풀어서 실전 감각을 익혀야겠죠. 시간이 좀 오래 걸리지만 개념을 한번만 확실히 잡아두면, 과탐은 모의고사 점수의 '베이스'가 됩니다(기본적으로 높은 점수를 받을 수 있기 때문에 성적이 안정적으로 나오게 해주는 역할을 한다는 뜻)."

물리

물리는 중·고등학교에서 배우는 과목 중 가장 이공계적인 과목이다. 수학과목은 외고를 다니는 학생이든, 일반고의 문과 학생이든 간에 공부를 잘 하는 아이들이 선호하는 경우가 많다. 그런데 물리라는 과목은 그렇지 않다.

수학을 좋아하고 잘 하는 학생들에게 물리는 아주 유리한 과목이긴 하지만 관심 자체가 이공계에 있어야만 좋아할 수 있는 과목이다. 물리라는 학문 자체가 수리적 능력에 바탕한 자연현상에 대한 호기심을 기초로 하기 때문이다. 그렇다면 '화학은 자연현상 아닌가?' 라고 반문하는 사람들도 있겠다. 화학도 일상에서 자주 볼 수 있는 자연현상을 다루기는 하지만 배우는 내용이 물리에 비해 좀더 작은 미시적인 세계를 다루기 때문에, 자연현상에 대한 특별한 호기심이 없어도 일단 배워나가는 것이 가능하다.

화학에서 큰 부분을 차지하는 분자나 원자는 일상에서 늘 접하는 것이면서도 실제적으론 볼 수 없는 것들인 것처럼 말이다.

물리는 일상생활에서 쉽게 접할 수 있는 힘과 역학, 전기 등의 현상에 대해서 배우는 과목이다. 따라서 '왜?' 라는 단어를 좋아하는 학생들에게는 아주 재미난 과목이다. 그렇지만 '전기를 잘 이용하면 그만이지, 왜 전기가 발생되는지 그 이유까지 꼭 알아야 하나?' 라고 생각하는 학생에게는 어렵고 따분한 과목임이 분명하다. 그래서 수학을 좋아하는 문과 학생들은 많아도 물리를 좋아하는 문과 학생을 찾기란 정녕 어렵다.

보통 문·이과를 결정할 때는 수학과목에 대한 흥미와 성적보다는 물리 분야에 대한 적성과 흥미를 놓고 가늠하는 것이 더 바람직하다. 물리를 좋아하는 학생들은 대부분 어릴 때 꿈이 '과학자' 인 경우가 많다. 물리를 가장 좋아한다는 각종 과학경시대회에서 다수 입상한 경력이 있는 군포고등학교 신정규 학생은 "꿈이요? 유치원 때부터 과학자였죠"라고 자신 있게 말한다. 물리의 공부방법은 크게 5가지로 나눌 수 있다.

첫째, 공식 암기는 기본이다

물리를 좋아하는 학생들이 공통적으로 지적한 물리의 장점은 '외울 것이 적다' 는 것이다. 물리는 중·고교 과정 전체를 통틀어서 공식이 그리 많지 않으니, 그 공식만 외우고 나면 외울 것은 딱히 더 없기 때문에 공부가 수월하다는 이야기다. 물리 공부벌레들은 "물리는 암기도 적고, 공식은 한 30개 정도 외우면 그게 전부인 것 같아요"라는 공통적인 반응을 보였다.

그럼에도 불구하고 공식이 시험시간에 헷갈린다는 이야기는 물리 공부를 안 했다는 의미와 다를 바 없다. 따라서 일단 물리공식은 정리를 따로 해서라도 모두 외워야 한다.

둘째, 응용을 즐겨라

물리는 학생들이 가장 어려워하는 과목 중 하나다. 그런데 외울 것이 적다는 이야기는 무슨 뜻인가? 물리영역에서는 몇 가지 공식과 그 공식이 내포하는 개념을 정확하게 이해하고 있는가를 묻는 응용문제가 대부분이다. 바둑을 생각해 보면 규칙은 매우 간단하지만 그 응용되는 수가 엄청난 것처럼, 몇몇 공식과 개념을 이용해서 많은 창의적인 문제 출제가 가능한 것이 바로 물리과목이다.

예를 들어 '중력과 가속도'라는 개념을 교과서를 통해서 배웠다면 시험문제는 아파트의 엘리베이터, 놀이동산의 롤러코스터, NASA의 우주왕복선, 유치원의 미끄럼틀 등 다양한 것으로 응용이 가능하다. 따라서 문제를 보고 '어떤 개념을 묻는 것일까?'를 찾아내는 것을 즐겨야 한다. 물리 공부벌레 강민구 학생은 한창 공부 맛을 들였을 때를 회상한다.

"물리는 생각을 하게 만드는 과목이라 무척 재미있어요. 4시간밖에 못 자도 전혀 피곤하지 않았죠."

셋째, 그림을 활용하라

공부벌레들과 보통학생들의 차이는 여러 곳에서 나타난다. 가장 큰 차이 중 하나가 문제를 풀 때 그림을 그리느냐의 여부다. 시험문제는 대개 글로 주어지는데, 글 속에는 여러 상황들이 묘사되어 있다. 그 묘사된 상황을 시각적으로 정리하는 것이 바로 그림이다.

서울대 전기공학부에 진학한 이시영 학생은 강조한다.

"문제를 그림으로 그리면 복잡한 문제도 단순해져요. 특히 역학 부분은 그림을 그리면서 공부하고 문제를 푸는 게 아주 중요하죠."

넷째, 공식을 유도해 보라

물리 공부벌레들의 공통된 특징은 공식의 유도를 즐긴다는 것이었다. 일단 기본적으로 공식을 외우고는 있지만, 그 공식이 어떤 절차를 거쳐서 생겨났는지 깨닫게 되면 개념이 덩달아 이해되기 때문이다. 그래서 그 유도하는 절차가 자세히 나와 있는 책을 참고서로 선

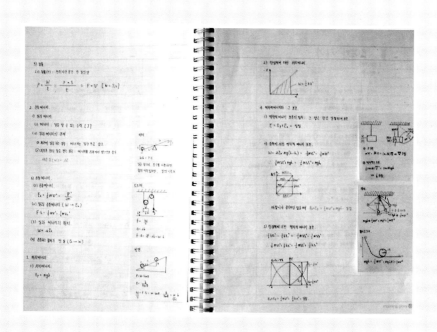

동안고등학교 물리 공부벌레 권순범 학생의 노트.
노트 필기 외에도 그림을 적절하게 활용해 주요 개념을 정리했다.

호했다. 특히 '하이탑' 시리즈를 참고서로 많이 활용하고 있었다. 한번 유도해 본 공식은 외우기도 쉽고 잘 잊혀지지도 않는다는 것을 공부 잘 하는 학생들은 경험적으로 체득한다.

다섯째, 유명 강사의 단기 특강을 노려라

물리는 기본적으로 경시대회에 출전하는 학생이 아니라면 공부 잘 하는 학생들이 많은 시간을 투자하는 과목은 아니다. 개념과 응용이 중요한, 외울 것이 적은 과목이기 때문이다. 개념과 그 응용이 중요한 과목일수록 고수들의 경험은 큰 도움이 된다. 같은 바둑을 둬도 이창호 9단이 바둑 두는 것을 보면 다른 사람이랑 똑같이 검은 돌, 하얀 돌을 사용하지만, 그 행마(돌을 쓰는 것, 진행방법)는 전혀 다른 것과 마찬가지다. 따라서 미리 경험한 사람의 개념이해 비법이 특히 빛을 발할 수 있는 분야다. 그러므로 방학을 이용한 단기 특강 등을 효과적으로 활용했다는 의견들이 있었다. 원다혜 학생은 유명 강사의 강의를 듣고 물리의 재미를 느낀 것이 물리를 잘 하게 된 계기라고 털어놓았는데, 평소에 꾸준히 하는 과목이라기보다는 효율적인 시간배분이 필요한 과목이 '물리' 라는 방증이다.

화학

중 · 고등학교 때 배우는 화학은 공부벌레들에게 고도의 이해력을 요구하는 과목이 아니다. 물리에 비해 성실성이 매우 강조되는 과목이다. 성실성이 강조된다는 이야기는 '열심히 외워야' 하는 과목

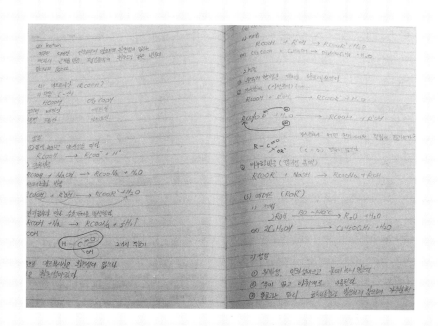

보성고등학교를 졸업하고 연세대 공학부에 수시합격한 박재형 학생의 화학노트.
내용과 그림을 꼼꼼하게 정리해 놓았다.

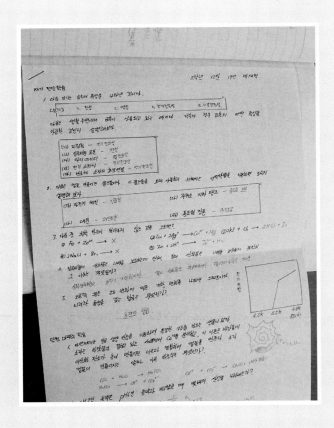

주요 문제와 단원 마무리학습을 정리하여
화학노트에 붙여놓은 모습.

이라는 의미다.

"물리는 공부를 안 해도 몇 가지 기본 개념을 확실히 알면 공식을 유도할 수 있지만, 화학과 생물은 공부를 안 하면 끝장입니다."

이는 서초고를 졸업하고 KAIST에 진학한 유제현 학생의 의견이다. 이 말 속에는 많은 진리가 담겨 있다. 무수히 많은 화학 구조식, 반응식, 시약에 따른 반응, 주기율표에서 족과 주기에 따라 알아둬야 할 것 등 아무리 머리가 좋아도 외우지 않으면 시험에서 모두 틀리는 과목이다.

그래서 화학과목을 선택하는 학생들이 제일 많다. 잘 하는 학생들은 자신의 '성실함' 을 신뢰하고, 이해력이 조금 부족한 학생들에게는 '열심히 외우면 도전해 볼 만한 과목' 으로 인식되기 때문이다.

화학 공부는 크게 두 가지로 요약할 수 있다.

첫째, 먼저 암기한 다음 이해하라

일단 외워야 한다. 화학에선 요령을 피우면 점수를 얻지 못한다고 생각하면 된다. 일단 외워야만 문제를 풀 수 있다.

둘째, 자신만의 암기 비법을 찾아라

외울 것이 많다 보니 외울 때 잊어버리지 않도록 하는 암호화(coding) 과정이 필요하다. 화학 공부벌레들의 경우에는 자신만의 고유한 암기법들을 하나씩 갖고 있었다.

중학교 때 배우는 '황동과 청동' 의 예를 들어보자, 하나는 구리(Cu)에 아연(Zn)을 합한 것이고, 다른 하나는 구리(Cu)에 주석(Sn)을 합한 것이다. 이는 별 것 아닌 듯하지만 외우다 보면 늘 헷갈린다.

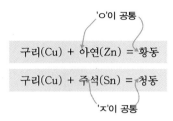

위의 그림처럼 'ㅇ' 모양과 'ㅈ' 모양의 일치 여부로 외우게 되면, 그 뒤로는 전혀 안 헷갈린다. 공부를 잘 하는 학생일수록 이런 방식을 통해 암기를 한다. 주기율표 암기는 보통 '수, 헬, 리, 베, 붕, 탄, 질, 산, 플, 네…' 등과 같이 첫글자를 변형해서 외운다. 이와 같은 특별한 방법이 없을 때에는 앞글자만을 따서 주문처럼 외우는 것이 암호화의 시작이다. 화학과목의 경우에는 암호화 암기법이 효과적인 학습방법임을 결코 잊어서는 안 된다.

생물

흔히들 생물은 암기할 것이 많은 과목이라고 단정짓는다. 물리과목에 비해서 외울 것도 많고, 꾸준히 상기시켜주지 않으면 안 된다는 것이다. 이 때문에 생물을 잘 하는 학생들이 화학을 선택하는 경우가 많다는 이야기가 있는 것일지도 모를 일이다.

공부벌레들과의 인터뷰에서도 정리노트에 대해 이야기가 많이 나왔다. 생물에 자신이 있다고 얘기한 학생들은 대부분 자신만의 서브노트를 만들고 있었다. 학교수업, 학원수업, 스스로 공부한 내용을 모두 단권 노트에 종합해서 정리하는 방법을 적극 선호하고 있었다.

이시영(서울대 전기공학부 진학) 학생의 말에 귀 기울여보자.

"중요한 부분만 따로 설명 위주로 만들어보는 거죠. 이렇게 하는 이유는 생물의 경우 시험에 자주 출제되는 부분이 거의 정해져 있기 때문이에요. 그 부분을 확실히 공부하고 나서 나머지 세세한 부분까지 늘려가며 공부를 했어요."

이 때, 분량이 각각 어느 정도가 될지 모르기 때문에 바인딩 노트로 만들어놓으면 내용을 언제든지 추가할 수 있어서 좋은 방법이라고 했다. 아래는 바인딩 노트를 사용하여 자신만의 서브노트를 주제별로 만든 진성고 지연미 학생의 사례다.

"원래부터 의사를 희망했기 때문에, 생물과목에 흥미가 많았어요. 문제집 3권 정도를 종합하여 정리했어요. 이렇게 정리해 두면 다른 것은 안 봐도 됩니다."

그는 노트를 보여주며 자신 있게 설명했다.

생물 공부요령을 요약하면 다음과 같다.

첫째, 일단 암기부터 하라!

생물의 기본적인 구성요소들은 암기를 요한다. 세포의 구성, 호흡의 과정, 소화기의 구성 및 소화과정 등은 일단 암기를 하고 나서야 그 다음 과정으로 옮겨갈 수 있다. 이런 간단한 수고를 귀찮아 해서는 절대 안 될 일이다.

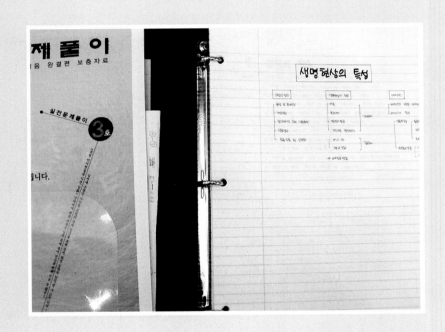

지연미 학생의 생물 서브노트. 여러 가지 소스(source)를 이용하기 때문에 언제라도
첨가·수정이 가능하도록 '바인딩 노트'를 사용했다. 이렇게 노트를 만들고 난 다음에는,
이 노트만 가지고 공부한다고 한다. 그만큼 종합적이고 철저하게 노트 정리를 한다는 것이다.

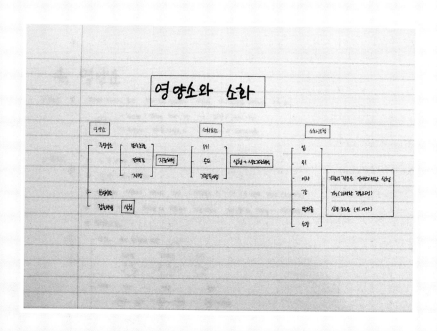

단원의 첫 페이지는 단원의 소제목들을 정리해서 전체적인 조망을 할 수 있도록 한다.

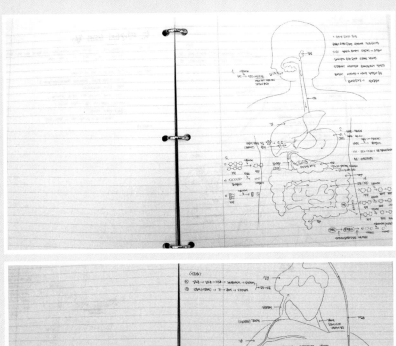

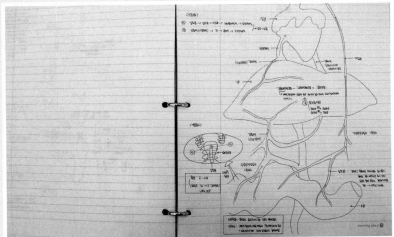

직접 그림을 그려본 다음 보충설명을 적어놓는다.

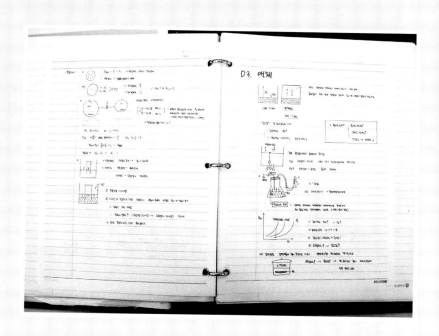

다른 노트 내용이 첨가된 부분. 노트 크기를 비교해 보면 내용이 첨가되었음을 알 수 있다.

둘째, 우선순위를 정하라

생물과목은 시험에 주로 나오는 부분이 정해져 있으므로, 중요한 주제부터 하나씩 정리해 나가도록 한다. 일단 주요 내용에 대한 체계가 만들어진 후에 세세한 부분까지 정리하여 살을 붙이도록 한다.

셋째, 자신만의 서브노트를 만들어라

중요한 주제부터, 외울 것이 많은 주제 등을 하나씩 정해 자신만의 서브노트를 만들어야 한다. 학교수업, 학원수업, 문제집 등을 총정리해 향후에는 정리노트만 봐도 내용 파악을 단시간에 할 수 있도록 해보자. 한번 정리해 놓으면 수능시험 때까지 사용할 수 있고, 정리노트의 진가는 시간이 부족한 고등학교 3학년에 올라가서 더욱 발휘될 것이다.

넷째, 사회적 이슈에도 관심을 가져라

최근 신문지상에 소개되는 시사상식에서도 문제가 출제될 수 있다. 배아세포 및 줄기세포 복제, 유전자 지도, 생명공학 등은 시험에 충분히 출제될 수 있는 주제이므로, 교과 내용과 연관지어 이해하는 것이 효과적이다.

지구과학

공부벌레들 가운데 과학탐구영역에서 지구과학을 선택하는 학생들은 많지 않았다. 높은 성적을 받는 학생들이 많은 탓에, 혹시라도 실수를 하게 되면 많은 점수가 깎일 수 있다는 설명이다. 하지만 암기하는 능력이 뛰어나고 이해보다는 외우는 것이 오히려 편한 학생이 있다면 지구과학을 권하고 싶다고도 한다. 또, 지구과학II를 선택하는 학생이 거의 없다는 면에서 상대적으로 해택받을 수도 있다고 귀띔한다.

박재형(보성고 졸업, 연세대 공학부 수시합격) 학생은 다음과 같이 조언한다.

"그림과 사진이 많이 나와 있는 것이 좋습니다. 하이탑 시리즈에는, 물리의 경우 굳이 알 필요가 없는 것도 많이 나와 있지만 지구과학 같은 경우에는 다양한 그림과 사진이 있어서 기억하는 데에 많은 도움이 됩니다. 지구과학을 공부하는 데에는 일단 암기가 우선입니다. 방법은 반복학습이죠. 계속 되풀이해 보면서 지속적으로 암기합니다. 물론 자신만의 암기법도 효과적이죠. 화학에서 앞글자를 따 원소기호를 외우는 것처럼 연대별 식물, 동물 등은 첫글자를 따서 외우는 방법을 썼습니다. 시대별로 스스로 표를 만들어보는 것도 좋은 공부방법입니다. 일단 하이탑으로 공부를 한 후, 수능기출 문제집 등으로 암기한 것들을 복습하면 효과적입니다."

05

사회탐구영역
– 표준점수에 각별히 유의하라!

교육과정이 바뀌면서 가장 혼란스러운 영역이 있다면, 바로 사회탐구가 아닐까 싶다.

6차교육과정에서의 사회탐구는 필수과목으로 일반사회, 한국지리, 윤리, 국사를 공부하고, 학생들마다 정치, 경제, 사회문화, 세계사, 세계지리에서 한 과목을 선택하도록 했었다. 하지만 7차교육과정에 접어들면서, 포함범위가 넓은 과목을 쪼개고 새로운 과목을 추가하면서 총 11개 과목으로 정리되었다.

많은 선택과목들의 난이도가 서로 다른 점을 보완하기 위해 7차교육과정부터는 성적표에 원점수를 표기하지 않고 표준점수가 가장 기본적인 성적평가의 기준이 되었다. 하지만 이 경우에도 학생들은 자신의 과목 선택에 따라 성적이 변동될 수 있는 가능성은 여전히 존재한다. 표준점수라는 것이, 동일한 내용에 대해 시험을 치

사회탐구 영역 선택과목별 응시자 현황			
과목명	응시자 수(명)	과목명	응시자 수(명)
윤리	179,697	세계사	30,006
국사	159,052	법과 사회	54,911
한국지리	232,370	정치	98,856
세계지리	29,614	경제	84,485
경제지리	29,671	사회·문화	229,100
한국 근·현대사	171,591		

른 집단 내에서의 자신의 위치를 점수화한 것이기 때문에, 과목 간 난이도에 따라 학생들의 원점수가 다르게 나오는 것은 보완할 수 있지만, 그 집단 자체의 학업능력 정도까지 보정해 줄 수는 없기 때문이다.

예를 들자면, 한 학생이 동일한 노력을 들여 사탐 과목을 공부한다 하더라도, 동일한 과목을 선택한 학생들의 점수에 따라 자신의 표준점수는 상이하게 나올 수도 있다는 것이다.

실제로 2005학년도 수능시험에서도 가장 많은 학생들이 응시한 한국지리의 경우 전체의 11.86%가 만점을 받아 표준점수 최고점이 61점이 되었고, 심지어 세번째로 많은 학생들이 응시한 윤리과목은 응시학생의 17.37%가 문제를 다 맞춰서 표준점수 최고점이 61점, 백분위 점수는 91점에 이르는 상황이 발생했다.

결국 어느 과목을 선택해야 결과적으로 좋은 표준점수를 받을 수 있느냐에 대해서는 크게 신경을 쓰지 않는 것이 정답일 것이다.

이는 공부벌레들과의 인터뷰에서도 확연히 나타났다. 거의 모든 공부벌레들이 학교에서 지정해 주는 과목을 중심으로 선택과목을 결정하고 있었다. 사탐 가운데 5과목 이상을 가르치는 학교에서는 자신의 흥미를 고려하거나 지원하려는 대학 학과와 연관된 과목을 선택하는 추세에 있었다.

공부방법을 묻는 질문에는 거의 대부분의 학생이 사탐의 경우는 전체적인 흐름을 파악하고 나서 세부적인 내용으로 들어가는 방법을 취하고 있었다. 역사(국사, 세계사)의 경우에는 어린 시절에 읽었던 역사책이나 위인전 등이 많은 도움을 주었다고 입을 모았다.

정치, 경제, 사회·문화 등의 과목은 현실에서 벌어지는 사회현상들과 연관을 지어보며 이해한 내용들을 자연스럽게 기억하는 방법을 사용했다. 그리고 학교든 학원이든, 수업내용을 충실히 들어 내용을 충분히 이해하고, 그 내용이 전체 맥락에서 어디에 해당하는지를 알아야 한다고 강조했다. 주요 개념이나 용어는 교과서에 큰 글씨로 나와 있으므로 눈여겨보고, 사진이나 도표 등을 통해 전체 흐름이나 주요 내용을 나타낸 것이 많으므로 각별한 신경을 써야 한다는 것이다.

그리고 나서는 자신만의 정리노트를 만들고, 이를 보지 않고 설명할 수 있을 정도가 되어야 한다고 한다. 친구들에게 내용을 설명해 보는 것도 자신의 취약점을 파악할 수 있는 좋은 방법이며, 마인드 매핑을 통해 전체 흐름을 복습하고, 친구들과 게임을 통해 세부적인 내용을 확인해 보는 것도 효과적일 것이다.

공부벌레들이 가장 많이 선택한 국사, 한국근현대사, 경제, 윤리, 지리, 세계사 과목들에 대해 각각 살펴보도록 하자.

국사

고등학교 교과목들 중에서 유일하게 국민공통 기본과정에 속해 있으면서도 수능의 출제범위에 들어 있는 과목이다. 사회탐구영역에서 공부량이 가장 많은 과목인 탓에 학생들이 많은 부담을 느끼는 것도 사실이다. 하지만 서울대가 유일하게 사탐과목 중에서 필수로 지정하고 있어 성적이 우수한 학생들은 대부분 국사를 선택하고 있다 보니, 높은 점수를 받기도 쉽지만은 않다.

7차교육과정에서 국사는 예전에 비해 전반적으로 학습량이 줄었지만, 선정된 내용에 대해서는 심화학습이 이루어지도록 구성되어 있고, 이를 위해 관련사진이나 참고자료들이 많이 포함되어 있다.

국사 공부벌레들이 제일 많이 공통적으로 이야기하는 것이 어렸을 때 만화책이나 역사책을 읽었던 것이 전체 흐름을 이해하는 데 도움이 많이 되었다는 점이다. 나머지는 수업시간에 부수적으로 익힐 수 있었다는 것. 마치 예전에 배운 것을 복습하는 느낌이 들었다고 한다.

또 하나 국사공부에서 주의할 것이 시대별로 각 부문들을 엮어서 이해하는 것이다. 경제, 문화 등의 분야를 따로따로 외우는 것이 아니라, 모두 엮어서 파악하는 것이 좋다. 효과적인 공부방법은 각 시대에 따라 도식을 그려서 공부하는 것이다. 이를 위해 자신만의 정리노트를 만드는 학생들이 많았다.

첫째, 전체적인 그림을 그려라

"어렸을 때 보았던 역사책이나 역사관련 만화를 많이 읽었던 것이 전체적인 역사 이해에 많은 도움을 주었어요."(최진우 학생, 대원외고)

"쉽게 풀이되어 있는 국사 교재를 가지고 전체적인 흐름을 먼저 파악했습니다. 교재에 나와 있는 도식 등을 이용해 개관을 먼저 이해한 후, 세부적인 것을 추가해 나가는 식으로 공부했습니다."(김대우 학생, 경기고 졸업, 서울대)

공부벌레들은 우선 역사의 전체적인 흐름을 파악하는 것이 중요하다고 입을 모은다. 그 좋은 방법으로 쉽게 접근할 수 있는 역사소설이나 만화로 된 역사책을 들었다. 물론 고등학교 시절에 읽은 것은 아니지만, 어릴 때 읽었던 내용들이 많은 도움을 주었다고 이야기했다. 실제 고등학교 시절에는 전체적인 흐름을 잡기 위해 쉽게 풀이된 교재를 활용하는 방법을 쓰기도 했다.

둘째, 교과서의 작은 부분도 소홀히 하지 마라

"전체적인 흐름을 파악한 후, 자세한 것들은 공부하며 암기를 했어요."(이민지 학생, 대원외고 졸업, 서울대)

"사탐과목에서는 친구와 게임을 하며 암기했고, 쓸데없는 것까지 외우기도 했습니다. 외울 때 '이건 시험에 나오고, 이런 것은 안 나올 텐데…' 등을 생각하지 않고, '어쨌든 나에게 도움이 된다, 남들 모르는 것을 나는 하나 더 안다'는 자세로 외웠습니다."(박상복, 홍대부고 졸업, 서울대)

단지 국사에만 국한되는 것이 아니고, 사탐과목들을 공부할 때는 교과서에 나와 있는 탐구자료(도움글, 읽기 자료, 지도, 도표, 그래프 등)를 철저히 파악해야 한다. 특히 국사는 다른 과목에 비해 교과서에 실린 탐구자료들이 시험문제와 직접적인 관련이 많기 때문이다.

셋째, 정리노트를 만들어라

"시대별로 정리를 하는 것이 중요해요."(남상오 학생, 조대부고 졸업, 서울대)

"사건들을 제 나름대로 정리했어요. 그림을 그리기도 하고, 도표를 만들기도 했죠."(신승연 학생, 대원외고 졸업, 서울대)

교과서는 선사, 정치사, 경제사, 사회사, 문화사의 순으로 정리가 되어 있지만, 각 시대별로 상호간의 영향에 대해서 파악하는 것이 중요하다.

이를 위해 각 시대별로, 또는 중요한 사안에 대해서 자신만의 '정리노트'를 만들어보는 것도 추천할 만하다.

넷째, 문제에 대한 적응력을 키워라

"국사를 원래 안 좋아했어요. 개념 정리를 한 후에는 문제를 많이 풀어보려고 노력했어요. 시중에 나와 있는 문제들은 거의 다 풀었지요. 문제를 진짜 많이 풀면 모르는 게 없어져요."(신기창 학생, 대원외고 졸업, 서울대)

국사의 경우 비슷한 유형의 문제들이 반복되는 경향이 있다. 그러므로 역대 수능 기출문제나 모의고사에서 나온 문제들은 필히 정리해야 하고, 그 경향을 파악할 수 있도록 해야 한다.

다섯째, 인터넷 강의를 효과적으로 활용하라

"인터넷 강의로 예습을 하고 혼자 복습을 했습니다."(남상오 학생, 조대부고 졸업, 서울대)

"학원수업과 인터넷 강의를 듣고 나서 전체의 흐름을 잡을 수 있었습니다."(신기창 학생, 대원외고 졸업, 서울대)

"인터넷 강의로 전체 그림을 그리고 나서, 교과서를 가지고 정리했습니다."(김태완 학생, 울산 성신고 졸업, 서울대)

인터넷 강의 활용은 비단 국사에만 해당되는 것이 아닌 모든 사탐과목에 적용할 수 있다. 바쁜 수험생활을 효과적으로 활용하기 위한 방안으로 기타과목들 중에서 자신이 부족하다고 생각되는 부분은 인터넷 강의를 적극적으로 활용해 볼 필요가 있다. 본인이 편리한 시간대를 활용할 수 있고, 학원을 오가는 시간적 손실도 막을 수 있기 때문이다. 더불어 큰 흐름을 잡는 정도의 효과를 위해 반드시 대면수업이 필요한 것도 아닐 것이기 때문이다.

한국근현대사

한국근현대사는 7차교육과정에 들어오면서 새롭게 등장한 과목이다. 2005학년도 수능시험에서는 좁은 범위와 국사과목과의 연관성을 들어 많은 학생들이 응시한 바 있다(응시자 수로는 네번째임). 하지만 학생들의 예상과는 달리 만점자가 국사(10.8%)에 비해 낮은 3.4%로 결코 만만한 과목이 아님을 알 수가 있다. 한정된 범위이다 보니, 상세한 내용을 정확히 알고 있어야 정답을 맞출 수 있는 문제가 많았기 때문이다.

한국근현대사도 국사와 마찬가지로 역사이지만, 국사와 확연하게 다른 점은, 국사는 정치, 경제, 사회, 문화 등의 항목별로 기술한 '분류사'인 반면 근현대사는 시간의 흐름에 따른 기술을 중시하는 '시대사'라는 것이다. 그렇기 때문에 순서와 내용을 시대별, 연대별로 꼼꼼히 암기해야 하는 것이 필수적이다. TV에서 방영된 다큐멘터리나 드라마 등을 보는 것도 현대사 공부에 많은 도움이 된다.

공부벌레들의 공통적인 의견도 국사에 비해 한국근현대사가 더욱 꼼꼼한 정리를 요구한다는 것이었다. 오히려 국사보다 더 신경을 써야 하는 과목이라는 것이다.

공부벌레들이 말하는 효과적인 학습법

첫째, 꼼꼼한 정리는 필수다!
"국사는 정확한 연대를 알아야 할 필요가 그다지 없어요. 하지만 근현대사의 경우는 정확히 연대별로 기억을 해야 합니다." (김영환 학생, 과천고)
이는 공부벌레들이 처음으로 털어놓는 학습방법이다. 특히 '무장 독립전쟁' 단원은 여러 가지 사건이 동시다발적으로 발생하기 때문에 더더욱 꼼꼼하게 정리해야만 한다.

둘째, 정리노트를 활용하자
학생들이 가장 어려워하는 단원은 '무장 독립전쟁'이었다.

"'독립전쟁'이 가장 중요해요. 시대별 흐름과 각 사건의 정확한 순서를 암기해야 합니다."(김영환 학생, 과천고)

그렇기 때문에 효과적인 학습을 위해서는 자신만의 '독립운동 지도'와 연표를 만들어보는 것을 추천하고 싶다.

셋째, '우리나라'에 대한 관심을 갖자

한국근현대사는 막연히 학과목으로서 외워야 할 것이 아니다. 현대를 살아가고 있는 우리에게 근현대사는 가장 가까이에 있는 우리의 과거이기 때문이다. 현재까지도 영향을 미치고 있고, 신문의 국제면을 채우는 내용들이 불과 100년 전에 있었던 일들이라는 점을 상기해야 하겠다.

한 공부벌레의 말이다.

"저는 다른 사람들보다 사회적인 관심이 많아요. 막연히 '우리나라'에 대해 생각해 보곤 하는데, 역사를 배우게 되면서 더 잘 알 수 있게 된 거 같아요."

학교에서 배우는 내용을 실생활과 연결해 봄으로써 더 잘 이해할 수 있었다는 뜻이리라.

넷째, TV를 활용하라

TV는 컴퓨터와 더불어 수험생들의 가장 강력한 적이라고 이야기한다. 하지만 이것도 잘만 활용하면 충분히 좋은 교재가 될 수 있다.

"해방 이후, 또는 제1공화국에서 제5공화국까지의 현대사는 역사 다큐멘터리나 정치 드라마가 많은 도움이 되었습니다."

이 학생의 말도 따지고 보면, 흔히 지나가는 한 편의 드라마도 자신이 관심을 가지고 대하면 훌륭한 교육자료가 될 수 있다는 것을 알려주고 있다.

경제

사회탐구 과목들 중에서 가장 정확한 분석력을 필요로 하는 과목이 있다면, 바로 경제과목일 것이다. 따라서 공부 잘 하는 상위권 학생들이 많이 선택하지만, 전체 학생들을 놓고 따져보면 그다지 선호되는 과목은 아닐 수도 있다. 2005학년도 수능에서도 가장 많이 선택된 한국지리(23만 2,370명 응시)와 비교해 보면 약 40%(8만 4,485명 응시) 수준에 머물렀다. 하지만 과목의 특성상 상경계열에 진학하는 학생들의 경우에는 반드시 선택해야 한다. 논술이나 면접고사에서 전공과 관련된 질문이 나올 경우에는 아무래도 전공의 기초적인 내용을 공부한 학생들에게 조금이라도 유리할 것이기 때문이다.

공부벌레들과의 인터뷰에서 알아낸 한 가지 재미있는 사실은 수학을 좋아하는 이과 학생들이 과학에서 물리과목을 좋아하듯이, 수학을 좋아하는 문과 학생들의 경우에는 사탐과목들 중 경제과목을 좋아하는 경우가 많았다. 역시 이유는 '응용력'에 있었다. 대원외고를 졸업하고 서울대 경영학과에 입학한 김민지 학생도 "경제 교과서를 이해한 후에, 실제로 응용해 보는 것에서 재미를 느꼈어요"라고 말한 바 있다.

또한, 다른 사탐과목들은 암기와 지속적인 복습이 필요한데 비해, 한번 원리를 파악하면 암기를 할 필요성도 크지 않고, 사회현상들에 응용하면서 공부할 수 있다는 장점이 있다.

박주현(광주 동신고 졸업, 서울대 진학) 학생은 강조한다.

"경제이론이 현실과 별개가 아니라는 생각을 하게 되면서, 최근의 경제상황이 어떻게 맞물려 돌아가는지에 대해서도 어느 정도 이해를 할 수가 있었던 것 같아요."

공부벌레들이 말하는 효과적인 학습법

첫째, 처음 공부할 때 이론의 도출과정을 철저히 이해해야 한다

한번 이해를 제대로 해놓으면 이후에 지속적으로 외운 내용을 상기해 줘야 하는 과정이 많이 필요없는 과목이다. 그러므로 처음 공부할 때 제대로 해두는 것이 시간을 많이 절약할 수 있는 초석이 된다.

둘째, 신문에 나오는 경제기사를 눈여겨본다

간단한 경제이론들을 실제 생활에 접목시켜 봄으로써, 경제이론을 상기시켜 주는 효과가 있다. 또한 각종 그래프나 도표들에 익숙해지는 것도 실제 수능문제를 푸는 데 많이 도움이 된다.

윤리

7차교육과정의 사회탐구 과목들 가운데 유일하게 교과서가 두 권인 과목이다. 따라서 학생들이 부담을 많이 갖는 과목이지만, 6차교육과정에서는 필수과목인 탓에 재수생들이 많이 몰려 2005학년도 수능에서의 응시생의 수는 비교적 많은 편이었다(응시생 수로 전체 3위 과목임). 이는 6차 과정의 필수과목인 국사나 한국지리와 비슷한 양상이라고 할 수 있다. 이와 함께 비교적 평이했다는 평가를 받는 문제가 어우러져 만점자가 17.4%나 되고, 모든 문제를 맞춘 학생의 경우도 표준점수에서 61점을 받는 기현상이 벌어지기도 했다.

공부벌레들과의 인터뷰 결과 한결같이 교과서의 중요성을 강조했다. 비록 교과서는 '윤리와 사상'과 '전통윤리' 두 권이지만, 국정교과서이기 때문에 두 권의 내용을 벗어날 수 없기 때문일 것이다.

현대고등학교를 졸업하고 서울대에 진학한 민병훈 학생의 학습 경험을 들어보자.

"교과서만 완벽하게 외우면 내신은 100점을 받을 수 있어요. 하지만 수능의 경우는 조금 더 나아가서 내용을 비교할 수 있어야 하죠. 그러므로 공부를 할 때도 항상 '비교'라는 단어를 머릿속에 담아두었죠. 여러 사상들을 서로 비교하는 문제, 예를 들어 같은 동양 사상가들끼리 비교를 한다든지, 동양과 서양의 사상들을 비교하는 문제가 가장 어렵기 때문이죠."

민병훈 학생은 이를 위해 우선 교과서를 반복학습하고, 부족한 부분을 인터넷 강의를 활용해 보충한 후, 윤리사상 부분에 중점을 두었다고 한다.

공부벌레들이 말하는 효과적인 학습법

첫째, 교과서가 가장 중요하다
모든 사탐과목에 모두 해당되는 말이다. 하지만 그 가운데서도 국정교과서로 지정되어 있는 과목들은 특히 중요하다고 볼 수 있다. 교과서의 본문뿐 아니라, 내용 안에 삽입되어 있는 그림이나 사진에도 주의를 기울여야 하겠다. 다양한 문제 유형을 개발하게 될 경우에는 좀더 많이 활용될 수 있기 때문이다.

둘째, 주요 사상가들에 대해서는 필히 숙지하라

수능에서는 3점짜리 문제가 윤리사상에서 출제되므로 철저한 학습이 어느 부분보다 요구된다. 또한 비교형 문제를 염두에 두었을 때 기본적인 사항에 대한 철저한 내용 파악이 필수다.

셋째, 수능을 대비해서 여러 사상 간의 비교를 항상 염두에 두어야 한다

가장 난이도가 높은 문제들이 나오는 파트다. 출제기관에서 난이도를 높여 '윤리와 사상'과 '전통윤리'를 모두 포괄하는 통합형 문제가 출제될 수 있는 만큼 이에 대한 대비도 필요하다.

한국지리

많은 학생들이 지리는 암기과목이라고 생각하면서 지레 겁부터 먹는 경향이 있는 것 같다. 그도 그럴 것이 책을 펴면 발음하기에도 생소한 단어들이 문장마다 끼어 있고, 이해하기 힘든 지도며 그림들이 빼곡하게 들어 차 있다. 그러니 시험에 닥쳐 급하게 외울라 치면 한숨부터 나오는 것이 많은 학생들의 심정일 것이다.

그런데 사실, 다음과 같은 몇 가지 것들만 유념한다면 지리는 외울 것이 별로 없는 과목이라고 말해도 좋다.

먼저 마음 속에 담아두어야 할 사항은 '지리가 왜 사회과목인가?'를 생각해 보라는 것이다. 지리는 지역이나 공간에 대한 이해를 바탕으로 하여 사회현상에 대한 이해를 도출할 수 있도록 하는 과목이다. 환경은 사람들의 문화와 그 속에서의 생활 모습을 바꾸어 놓을 수 있는 힘을 갖고 있다.

즉 지리적 특징만을 무턱대고 외우려 하지 말고 사회현상과 맞물려 생각하도록 해야 한다. 서동준 학생은 관북지방에 대해 공부할 때를 떠올리며 이렇게 이야기했다.

"관북지방의 특징들을 나열해 보면 겨울이 길고 춥다, 집 구조가 '田'자 형이다, 침엽수림을 이용한 통나무집이 발달했다 등이 있는데요. 이런 특징들은 독립적으로 일어나는 것들이 아니에요. 그래서 서로 연결을 지을 수 있죠. 날씨가 추우니까 잎이 뾰족한 침엽수림이 많을 것이고 당연히 집을 지을 때 이 나무를 사용할 것이라고 예상할 수 있습니다. 또한 추운 곳에서는 방들이 붙어 있어야 온기가 유지될 수 있으니까 집의 형태도 폐쇄적인 구조를 띠게 될 것이라고 제 나름대로 이야기를 전개하는 거지요."

서동준 학생은 지리공부를 할 때 몇 가지 지리적 정보들을 바탕으로 하여 그 환경에서 살아가기 위해 사람들이 거쳤던 적응의 모습을 예상해 보려 하는 공부방법을 가지고 있었다.

둘째, 지리책에 나오는 단어를 한자 한자 뜯어보자. 학생들이 지리를 싫어하는 이유들 중 많은 부분을 차지하는 것이 '말이 너무 어렵다'는 것이다. 어떤 현상에 대해 붙여진 이름은 대부분 한자로 이루어져 있어 단어 자체가 우리에게 어떠한 의미를 주지 못한다. 그러니 당연히 이해하기도, 기억하기도 힘들다. 하지만 그 단어를 구성하는 글자들을 따로 떼어놓고 보면 자연스럽게 전체적인 뜻을 이해할 수 있게 된다.

예를 들어 파식대지(波蝕臺地)는 파도가 해안에 있는 암석이 깎여 만들어진 평탄한 지형이다. 파도에 의한 것이니 파(波)라는 글자가 들어갔고, 두번째 단어인 식(蝕)은 '갉아먹을 식' 자로서 한자에 '벌레 충' 자가 들어가 있는 것을 보면 쉽게 기억할 수 있다. 대지는 넓고 평평한 땅을 의미함을 알고 있을 것이다. 이렇게 분해해 보니 '파도가 갉아먹은 넓고 평평한 땅이다' 라는, 파식대지의 사전적 의미와 별반 다를 것이 없는 것이 되었다.

세번째는 교과서에 나온 모든 것을 이해하고자 노력해야 한다는 점이다.

특히 지리 교과서에는 글자로 된 설명뿐 아니라, 지도나 그림이 매우 많다. 자리도 많이 차지하는데, 왜 굳이 그려 넣었을까 하는 생각을 가져본 적이 있다면 지금까지 지리 공부를 잘못 해왔다고 보면 된다.

지도와 그림들은 모두 쓸모가 있는 정보들이니 하나도 빠짐없이 기억해 두자. 그림 하나에는 글로는 다 설명될 수 없는 많은 정보가 담겨 있다. 하천이 산지나 고원지대를 흐를 때, 대칭적으로 깊은 골짜기를 이루면서 곡류하는 하천인 감입곡류하천은 설명만으로는 쉽게 이해하기 힘들다. 그러나 감입곡류하천인 '동강' 의 사진을 보고 나서 공부한다면 이해하기가 훨씬 수월해진다. 게다가 그림, 그래프, 지도는 시험에도 빠지지 않고 출제된다. 시간을 더 들여서 꼼꼼히 살펴볼 필요가 있다.

세계사

세계사 또한 역사이기 때문에, 국사와 마찬가지로 '흐름'을 익히는 것이 중요하다. 대신 여러 나라가 등장하기 때문에 '연대표'의 개념보다는 '전개도'를 그려보는 형식으로 공부하는 것이 효과적이다.

기본적으로 역사는 여러 가지로 다양하게 연관을 지을 수 있다. 원인과 결과가 반드시 따라다니게 마련이다. 역사는 반복된다. 원인과 결과를 나름대로 생각해 보고, 그와 비슷한 다른 사건에도 적용시켜 보면 '재미'를 느낄 수 있다. 또 '자신의 언어'로 공부하는 것도 좋다. 책에 나오는 딱딱한 문체로 '암기'하려는 것이 아니라, 자신만의 암기법을 동원하라는 의미다.

"세계사는 정말 재미있는 과목입니다. 그런데 공부해야 할 양이 엄청나서 선택을 잘 안 하는 과목이기도 하죠. 하지만 양이 엄청난 만큼 공부는 쉽습니다. 자세한 출제가 불가능한 과목이니까요. 따라서 피곤하면 쉬면서 부담 없이 공부할 수 있는 '기회'의 과목입니다. 머릿속으로 전개도를 그려가며 공부하면 효과적입니다."

시대상 이어지는 흐름을 파악하고, 재미있는 이야기나 일화 등을 가볍게 공부하면 고득점을 올릴 수 있다는 공부벌레의 전언이다. 선택을 많이 안 하는 이유가 양이 많아서인데, 그만큼 어렵지 않기 때문에 공부한 만큼 점수가 나오는 과목이다. 일종의 보험과도 같은 과목이라고 할 수 있다. 정치경제 등은 문제가 어려우면 점수가 떨어질 수 있다.

공부벌레들은 세계사의 공부방법으로 다음과 같은 3가지를 들었다.

첫째, 학교수업과 교과서로 공부를 시작한다.
둘째, 인터넷 강의로 보완한다.
셋째, 《누드교과서의 세계사》, 《하룻밤 안에 읽는 세계사》 등으로 공부
한다.

세계사 학습의 핵심 포인트는 '크게 파악해서 잘게 외우는 것' 이
다. 먼저 시대별·문화권별 세계사의 흐름을 크게 파악하고, 그 흐
름에 따른 세세한 사항을 정리해서 외운다. 처음부터 세세한 것에
신경을 쓰면 전체를 파악하지 못해서 그런 문제에 애를 먹게 된다.
국사와 세계사의 공통점을 비교해서 공부하는 것도 좋은 방법이
다. 역사적 사건들은 그 원인과 결과가 비슷한 경우가 많다. 우리나
라에서의 역사적 사건이, 다른 나라의 역사적 사건과 비슷한 경우
'어, 이건 이것과 비슷하네⋯ 그런데 이런 점에서 다르네⋯' 등으로
비교해 생각하면 기억하기가 쉽다.

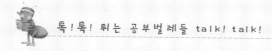

공부벌레들은 구체적인 장래 목표가 있다

장래 목표가 확실하다는 것은 '동기 부여'라는 의미 외에도, 진로를 놓고 걱정하는 시간을 줄일 수 있다는 면에서 큰 이점이 된다. 목표가 있으면 대략적이나마 자신이 거쳐야 할 과정에 대한 계획이 세워지게 마련이다. 따라서 여기저기 기웃거릴 필요가 없다. 남은 시간과 에너지는 자신의 '동기'를 굳히는 일에 사용하면 된다.

그렇다면 공부벌레들과 보통학생들 간에 장래 목표에는 어떤 차이가 있을까? 물론 보통학생들보다는 공부벌레들이 구체적인 목표를 갖고 있는 경우가 많다. 자신의 목표에 한 걸음 다가서고 있다는 느낌만으로도 공부에 대한 끈기와 집중력을 불러일으킬 수 있다. 어쩌면 그들은 '실력'이 뒷받침되기 때문에 남들에게 자신의 목표를 자신 있게 드러낼 수 있는 것인지도 모른다. 하지만 분명한 사실은 공부를 잘 하기 때문에 목표를 말하는 게 아니라 목표가 있기 때문에 공부를 열심히 한다는 점이다.

진로를 결정하는 과정에서 한 번쯤 고려해 봤을 유학에 대해서는 '기회가 되면 대학교 때 교환학생이나 대학원 유학을 고려하겠다'는 대답이 많았다. 또 자신의 진로에 따라 (예컨대 '고시'를 준비한다면 유학갈 필요가 없음) 유학을 갈 수도 있고 안 갈 수도 있다는 대답이 나오기도 했다. 전반적으로 우리나라의 고등학생들은 유학을 어느 정도 필수적인 것으로 생각하고 있었다. 공부벌레들이 갖고 있는 목표와 유학에 대한 구체적인 답변을 소개하겠다. 당연히 꿈꿀 수 있는 실력임에도 불구하고 밝히기를 부끄러워하는 학생도 꽤 많았다.

장래 목표는 무엇인가요?
- KAIST에 진학해 응용과학을 공부하고 싶다. 유학은 당연히 가야한다. 한국은 좁다.
- 경영 컨설턴트가 되는 것이 꿈이다. 교환학생이나 MBA로 유학을 생각하고 있다.
- 미생물학과를 생각하고 있다. 졸업 후 의학을 전공하고 싶다.
- 일단 취직을 생각한다. 전자공학을 전공해서 대기업 연구원이 되고 싶다.

- 영어를 좋아하고 특히 사람 만나는 것을 좋아하기 때문에 외교관을 생각하고 있다.
- CPA를 취득한 후 컨설턴트가 되는 것을 생각 중이다. 유학은 진로에 따라 달라질 수 있다.
- 서울대 경영학과를 목표로 삼는다. MBA를 한 후, CEO가 되는 것이 꿈이다.
- 아버지처럼 경영학과를 졸업하고, 와튼(Wharton)에서 MBA 공부를 하고 싶다.
- UN이나 중국 상하이·푸통 등 경제 특구에서 한국을 대표해 일하고 싶다.
- 기계공학을 대학원에서도 계속 공부할 생각이고, 쉽지 않겠지만 MIT나 칼텍에 진학하고 싶다.
- CEO가 되는 것이 꿈이지만 요리사가 되고 싶은 생각도 있다. 공부를 먼저 하고 나중에 요리사가 될 수는 있지만, 요리사가 되어서 공부하긴 힘들다고 생각하기 때문에 공부를 한다.
- 의대 진학을 1차 목표로 삼는다. 2차 목표는 응용화학을 공부해서 변리사가 되는 것이고, 그 다음은 수리통계를 공부해서 금융업을 하고 싶다. 3차 목표를 위해서는 유학도 고려하고 있다.

CHAPTER 4

'공부벌레'에서
눈부신 '나비'로

한 · 국 · 의 · 공 · 부 · 벌 · 레 · 들

01

공부에서도 자신을 잘 아는 게 가장 중요하다

사람들은 자신이 듣고 싶어하는 말만을 듣고자 하는 경향이 있다. 특히 그 듣고자 하는 말이 사회적으로 옳다고 판단되면 더욱 그렇다. 대표적인 것이 공부법에 관한 사회적 속설이다. 앞에서 제시한 다양한 통계에서도 보았듯이 공부벌레들은 자신의 목적과 가장 부합하는 방법을 찾아 효율적으로 공부함을 알 수 있었다.

자율학습 등 자기주도적 학습에 매우 뛰어남에도 불구하고 좀더 많은 노하우를 단기간에 습득하기 위해서 학원과 과외를 병행하는 경우가 실제의 공부벌레들이다. 그런데 사교육비를 걱정하는 학부모나 교육행정을 담당하는 위정자들이 듣고 싶어하는 것은 '공부 잘 하려면 학원에 다니는 것보다는 자기주도적 학습이 더 중요하다' 라는 말이다.

이는 한편으론 맞는 말인 것 같지만 조금만 살펴보면 교묘히 자

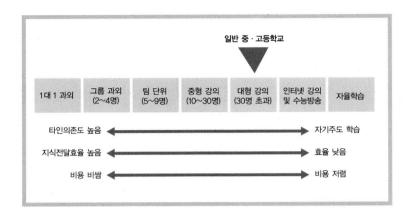

신들이 듣고 싶은 말을 스스로에게 하며 '옳거니~' 맞장구를 치는 것과 같은 모양새다. 왜냐하면 타고난 성향과 지적 능력은 개개인 마다 서로 다르기 때문에 자신만의 효율적 공부방법 또한 저마다 다르다.

위의 그림은 대한민국에 존재하는 공부형태를 나열한 것이다. 왼쪽으로 갈수록 타인의존도가 높은 방법이며 가장 의존도가 높은 것은 '1 대 1 과외'다. 반면에 오른쪽으로 갈수록 높은 자기주도 학습능력을 요구하는 공부형태이며, 그 최고는 아무 도움 없이 스스로 공부하는 '자율학습'이다. 일반 중·고등학교는 대형강의 형태다.

여기서 한 가지 의문이 든다. 공부를 정말 잘 한다는, 이른바 '자기주도 학습'이 잘 되어 있는 아이들이 진학한다는 특목고, 영재고 등으로 갈수록 왜 한 반의 인원 수가 줄어들까? 왜 명문대학을 선정하는 기준 중에서 교수 1인당 학생 수가 적은 것에 높은 점수를 줄까? 그것은 그림의 왼쪽으로 갈수록 가르치는 사람의 지식이 전달되는 효율이 훨씬 높기 때문이다. 다만 가르치는 사람 한 명당 배우는 사람의 수가 적어지면 적어질수록 들어가는 비용이 비싸지기 때문에 국민의 세금으로 운영하는 공교육에서는 국가를 이끌 인재양성을 위해 설립된 특목고 학생들에게만 혜택이 돌아가는 것뿐이다.

공부벌레들은 자신이 배우는 학교의 수업시간을 기준으로 각 과목마다 전략을 달리한다. 예를 들어 학교의 수학선생님이 굉장히 잘 가르칠 경우에는 수업시간에 그 내용을 소화하고 인터넷 강의나 자율학습 등 자기주도적 학습을 하는 경우가 많다. 또는 학교선생님이 다뤄주지 않는 좀더 심화된 내용이나 선행을 위해서는 대형 강의 또는 중형 강의가 이루어지는 학원을 이용하기도 한다. 그런데 만일 학교의 수학선생님이 자신과 맞지 않는다면 효율이 좀더 높은 1 대 1 과외나 비슷한 수준의 아이들만 모아놓은 팀 단위의 학원까지도 다니게 되는 것이다.

만일 학교에서 영어과목을 잘 배우고 있으며 혼자 공부할 자신도 있지만, 자신이 혹시 빠뜨리고 넘어가는 것이 있을까 걱정이 되는 경우에 인터넷 강의나 수능방송을 통해 점검하고 넘어가는 식이다. 즉 공부벌레들은 자신들의 과목별 성향을 잘 파악할 뿐 아니라 파악한 성향에 따라 적극적으로 과목별 공부방법을 달리 대응한다는 면에서 보통학생과 차이가 난다.

따라서 보통학생들은 과목마다 다른 자신의 성향과 집중력 등의 형태를 잘 파악해 과목별 공부방법을 선택하는 것이 더 좋다. 효율이 높을수록 비용이 비싼 구조이므로 교육당국은 무조건 '자기주도 학습'이 좋다고 안심시키기 위한 귀에 듣기 좋은 말을 할 것이 아니라, 우수한 선생님을 적극적으로 발굴하고 수준별 보충 수업 등의 방법을 진지하게 연구해야 할 것이다.

02

성적보다 더 중요한 건 '적성'이다

공부벌레들을 만나 그들의 공부하는 이야기를 들어보면 즐겁다. 한국의 미래가 매우 밝게 느껴지기까지 한다. 삶에 대한 긍정적인 자세와 열심히 하려는 의지를 엿볼 수 있기 때문이다. 공부벌레들에게서는 일종의 '큰 에너지'가 느껴진다. 그런데 그 '큰 에너지'는 보통 대학에 진학하면서 안타깝게도 대부분 사라지고 만다. 국내 대학들이 우수한 학생들을 더 발전시키지 못하는 데에는 여러 가지 구조적 이유가 있기도 하지만 대부분 그 에너지를 발산해야 하는 장소로 자신의 적성과 무관한 곳을 찾아가는 경우가 많기 때문이다.

마치 재산 증식을 잘 못하는 어른들이 TV와 같은 수십만 원대 전자제품은 몇 날 며칠 발품을 팔며 좀더 싸고 좋은 제품을 찾으면서도 막상 수천만 원에서 수억 원이나 하는 집을 살 때는 TV 사는 것보다 적은 조사를 하면서 순간적인 기분에 따라 결정하는 것과 비슷하다.

대학을 가기 위한 공부는 그렇게 오랫동안 열심히 해왔으면서 자신의 미래와 관련된 적합한 전공 찾기, 장래 희망 갖기 등에서는 공부벌레들도 보통학생 못지않게 소홀하다. 그래서 공부벌레들이 멋진 '나비'로 변신하지 못하고 다른 벌레보다 조금 더 화려한 '벌레' 수준에서 끝나는 경우가 많다.

《현명한 부모는 아이의 10년 후를 설계한다》라는 책에서 많은 사례를 이야기했듯이, 같은 명문대를 나왔어도 어떤 사람은 본인이 원하는 분야에서 승승장구하고 있고, 또 다른 사람은 승승장구하는 사람보다도 더 좋은 성적으로 명문대학에 입학했음에도 불구하고 실업자 대열에서 방황하는 사람도 많다. 반면에 중·고등학교 때에는 평범한 학생이라 명문대학에 입학하지 못했음에도 자신의 길을 잘 찾아 크게 성공하는 사람도 많다. 왜 이런 현상이 일어나는 것일까?

부모님과 학교, 학원 선생님들의 관심과 사랑 속에 대학에 입학한 '공부벌레'들일수록 자신의 적성보다는 현재 유행하는 '가장 인기 있는 학과'에 대한 선망이 크기 때문이다. 예를 들어 지금 공부벌레들에게는 '의대'의 인기가 하늘을 찌르고 있는데, 자신의 적성이 의대와 일치해서가 아니라 그냥 의대에 가면 주변에서 많이 인정해 주기 때문에 선택하는 경우가 많다. 최근 황우석 교수가 생명공학 분야에서 국가적 관심을 일으키자 절대로 의대의 뜻을 굽히지 않을 것 같았던 학생들이 점점 생명공학으로의 진학을 고려하고 있다. 이처럼 진로선택의 중심에 자신을 놓고 10년 후를 생각하는 것이 아니라, 진로선택의 중심에 타인의 시선과 당장의 유행을 놓고 생각하기에 나중에 실패하는 경우가 많은 것이다.

사람은 어떤 식으로든 나중에라도 자신의 적성을 찾게 되어 있다. 그러나 현재 자신의 분야가 본인의 적성과 맞지 않는다는 것을 깨달았을 때에는 이미 돌이킬 수 없는 경우가 많다. 시간은 결코 과거로 되돌릴 수 없기 때문이다.

공부를 아주 잘 하는 '공부벌레'이든, 아니면 공부벌레가 되기 위해서 열심히 공부하려는 의지가 강한 학생이든 잊지 말자. 사회에서의 성공은 '학업성취'와 '진로선택'이라는 두 가지가 균형을 이룰 때 달성할 수 있다. 현재의 공부벌레들이 앞으로 가장 많이 들을 수 있는 이야기 중 하나가 "저 애는 학교 다닐 때 참 공부 잘 했는데, 잘 안 풀리네…"라는 말일 것이다. 공부하는 틈틈이 대학 진학을 넘어선 자신의 미래를 설계하자. 그래야 현재 열심히 공부하는 것이 더욱 빛을 발할 것이다.

03

'공부벌레'를 뛰어넘기 위해
꼭 명심해야 할 3가지

예전에 '공부벌레' 소리를 들으며 명문대학에 진학한 선배들은 지금 중·고등학생들에게 무슨 이야기를 해주고 싶을까? 자신이 다시 중·고등학교를 다니게 된다면 어떤 공부에 더 신경을 쓸까? 앞선 선배들의 이야기를 들어보는 것이 큰 도움이 될 듯하여 서울대, 연대, 고대에 재학 중인 410명의 학생들에게 설문조사를 실시했다. 그 결과와 함께 공부를 잘 하건 못하건, 사회적인 성공을 위해서 신경 써야 할 점들을 소개하고자 하니, 마음 깊이 새겨 생활하기 바란다. 공부벌레에게는 자신의 공부를 더욱 빛나게 해줄 수 있는 계기가 될 것이다.

1. 지식 앞에 겸손하라

공부 잘 하는 사람들의 최대 약점이다. 공부 잘 하는 사람들은 살아오면서 주변으로부터 주목을 받으며 자라왔기 때문에 돋보이는 데익숙하다. 그래서 자칫 자신보다 '사회적으로 낮다'고 생각되는 사람들에 대한 배려가 매우 부족하다. 특히 학벌에 대한 자부심이 지나친 경우가 많다. 그래서 말끝마다 자신의 출신 특목고나, 출신 명문대를 들먹여서 주변 사람들의 눈살을 찌푸리게 만드는 경우가 있다. 동문회에서 그러는 것까지는 어쩔 수 없으나 자신이 쉽게 이뤘던 것이 상대방에게는 큰 좌절을 맛보게 했었을 수도 있음을 잊어서는 안 된다. 명문대학을 나오고 사업적으로 성공하고 계신 한 학부모님이 상담 중에 이런 말씀을 하셨다.

"전 10년 전부터 제가 어느 대학을 나왔는지를 잊고 살아요. 사업을 처음 시작했을 때는 사람을 만나면 습관적으로 '몇 학번이냐?'고 물어봤는데, 사회에는 아직도 대학을 나오지 못한 사람들이 많더라고요. 경솔했구나, 생각했습니다. 그 뒤로는 내가 어느 대학을나왔나 하는 것까지 잊었습니다. 그랬더니 주변에 사람이 모이고사업이 더 잘 되는 것 같아요."

A라는 사람이 있는데 그는 늘 자신이 졸업한 명문대 타령이다. 다른 대학은 약간 무시하기까지 한다. 그런 사람이 어려움에 봉착한다면 다른 주변 사람들은 겉으로 표현을 하지는 않지만 '잘난 척하더니 샘통이다!'라는 반응을 보이며 크게 도와주지는 않을 것이다. 그 동안 자신들이 무시당했다고 생각을 했을 테니 말이다.

그런데 B라는 사람은 예의가 바르고 다른 사람의 의견을 잘 들어주며 상대방의 있는 그대로를 잘 받아주는 사람이다. 그런데 사적인 자리에서 알고 봤더니 명문대 출신이더라. 그럼 그 B는 '능력 있는 사람이 겸손하기까지 해!' 라는 평을 들으며 주변에 사람이 모여들어 필요할 때 큰 도움을 받을 것이다. 세상은 넓고 배워야 할 것은 많다. 열심히 노력한 자신의 모습에 자부심을 갖는 것은 좋으나 자만심에 빠지지 않도록 늘 경계해야 더 많은 사람과 지식을 접할 수 있다.

2. 영어, 아무리 강조해도 지나치지 않다

서울대 · 연세대 · 고려대 학생 410명에게 "중 · 고등학교 시절 배웠던 과목 중에서 어떤 과목이 대학 공부에 도움이 되는가?"를 물었다. 10점 만점의 설문이었으며, 학과별 편차를 줄이기 위해서 각 학과별로 10명씩 물어보았다. 수능시험과목 중에서 가장 도움이 되는 상위 10개 과목의 결과는 다음과 같다.

누구나 예상한 것처럼 단연코 '영어'가 우선이다. 10점 만점에 평균 8.04를 기록했다. 1등을 한 것보다는 2등과의 점수차에 유념하라. 가끔 상담을 하다가 중 · 고등학생들에게 영어의 중요성을 강조하기 위해서 대학에서 사용하는 교과서를 보여준다.

'난 이과이기 때문에 영어가 상대적으로 덜 중요해.'

순위	과목	점수
1	영어	8.04
2	수학	6.48
3	국어	6.43
4	사회문화	5.64
5	물리	5.50
6	생물	5.44
7	경제	5.39
8	화학	5.35
9	세계사	5.02
10	한문	4.88

이런 생각을 가졌던 아이들은 금새 의아해 한다. 명문대학의 대학교재는 수학책이든, 물리책이든 다 영어로 되어 있기 때문이다. 역설적이게도 이공계일 경우 더욱 심하다. 물론 일부 학과를 제외하고는 영어로 된 교과서가 심오한 문학적 내용은 아니어서 영어실력이 절대적일 수는 없지만 영어를 잘 할수록 진도가 빨리 나갈 수 있기 때문에 절대적으로 유리하다.

사회 곳곳에서 영어가 중요하다고 하고, 수능에서도 영어가 중요하고, 무려 410명의 선배가 한결같은 목소리로 영어가 중요하다고 한다면, 이는 정말 중요한 거다. 영어에 좀더 애정을 갖고 공부하기 바란다.

3. 편협한 공부를 하지 마라

대학생 및 대학원생에게 다시 물었다. "대학에 와보니 중·고등학교 다니면서 특별히 좀더 신경을 쓰거나 준비해야 할 것은 무엇인가?"라는 질문이었다. 주관식 질문이었기 때문에 여러 가지 답이

순위	답변	%
1	현재 교과목 공부에 충실	52
2	상식과 지적 호기심 확대	9
3	독서 및 글쓰기 향상	8

나왔지만 상위 3개 답변은 다음과 같았다.

결과는 압도적으로 현재 배우고 있는 과목에 대해서 더 충실하게 공부하겠다는 '모범적(?)' 답안이 나왔다. 후회나 아쉬움이 남지

않도록 중·고등학교 시절에 열심히 공부하라는 선배들의 조언일 것이다. 그러나 여기에서 간과하지 말아야 할 것은 2위와 3위다. 중·고등학교 때 사회 전반에 대한 관심을 더 가져주기 바라고, 전공에 상관없이 독서와 글쓰기 등 인문학적 소양을 길러야 한다는 의견이었다.

당장 '1점'이 중요하다고 생각하는 학생이나 학부모는 '뭔 배부른 소리냐?'라고 불평할 수도 있겠지만 요즘 다시 일제히 부활하는 논술시험을 생각해 보라. 예전부터 착실히 사회 전반적인 관심과 독서와 글쓰기 연습을 했던 학생들의 입장에서는 논술시험이 만만하게 보일 수도 있다.

공부벌레들 중에는 대학에 가서 중·고등학교 때보다도 더 책을 안 읽고 공부를 안 하는 사람들이 생겨난다. 고등학교 시절이 인생의 전성기인 경우다. 이 사람들의 공통적인 특징은 대학에 가서도 독서를 안 하고 자기계발에 관심이 없다. 장기적 목표를 잡은 것이 아니라 대학입학을 목표로 삼았기 때문이다.

따라서 사회에 대한 폭넓은 관심과 독서습관은 대학입시에도 도움이 될 뿐 아니라, 대학 졸업 후에도 큰 도움이 된다. 이 사실을 잊지 말고 어릴 때부터 체계적인 연습을 하도록 하자.

지금까지 한국 공부벌레들의 생활습관, 공부방법, 마음가짐 등에 대해서 알아보았고 공부 잘 하기를 희망하는 보통학생들과의 비교를 통해 차이가 나는 공부방법에 대해서 살펴보았다. 그리고 공부벌레들이 대학 졸업 후에도 성공할 수 있으려면 자신의 적성에 맞는 장기계획이 중요함을 역설했다.

심층인터뷰를 통해서 공부벌레들의 정신적인 다짐까지 세세하게 다루긴 했어도 학부모들이나 학생들이 기대했던 '아주 특별한 비법' 은 역시 존재하지 않는다고 생각할 수도 있다.

이 책에서도 그것을 찾지 못한다면 아마 영원히 그 비법은 찾지 못할 것이다. 왜냐하면 자신에게 맞는 방식으로 절대적인 학습량을 늘리는 것, 미래의 행복을 위해 현재를 인내하는 노력, 하나하나 배워서 성적이 오르는 데서 얻는 기쁨과 같은 것들이 바로 수천 년을 걸쳐 변하지 않는 '평범한 진리' 이자 '공부 비법' 이기 때문이다. 또한 앞서 보여준 100명의 공부벌레들 습관 속에 그것들이 다 녹아 있기 때문이다.

친구는 가장 훌륭한 조언자

아무리 좋은 말도 부모님이나 선생님으로부터 들으면 잔소리로 생각하는 경우가 많다. 그러나 같은 입장에 있는 친구의 충고라면 더 가슴에 와 닿는 조언이 될 것이다. 설문 조사 결과 학생들이 자신의 고민을 가장 솔직하게 털어놓는 대상으로 친구를 꼽았다. 부모님이나 선생님들도 힘든 중·고등학교 시절을 지낸 경험이 있다. 따라서 자녀에게 어떤 것이 중요하고 도움이 되는지 잘 안다. 정작 문제는 가장 중요한 상호간 '공감'이 빠져 있다는 점이다. 상대의 의견을 지지하고 동의하는 것이 관계 형성의 기본이다. 그러나 부모님과 선생님은 자녀, 학생들과 공감대를 형성하기에 너무 오랜 시간을 다른 일에 몰두하며 살아왔다. 그런 관점에서 본다면 친구가 가장 훌륭한 조언자 역할을 할 수 있다. 친구가 들려주는 얘기 중에는 뻔한 내용도 있고 '누가 몰라서 못하나?'는 반응을 보일만 한 것도 있다. 그러나 뻔하다는 것은 바꾸어 생각하면 그만큼 중요하다는 의미다. 중요하기 때문에 강조하고 또 강조하는 것이다. 정작 중요한 것을 실천하지 못하는 자신을 뉘우치도록 하자.

다음은 수험생 친구들이 전하는 말이다.

수험생 친구들, 후배들에게 해주고 싶은 말이 있다면?
- 공부 외에 하고 싶은 게 있다면, 6개월 정도 몰두해 보고 자신에게 맞는지 알아봐라. 여러 가지를 시도해 보는 게 중요하다고 생각한다.
  - 강봉준(단대부고 졸업, 연세대 수시입학)
- 무엇보다 자신의 페이스를 유지하는 것이 중요하다. 3년은 긴 시간이다. 피할 수 없다면 즐길 수 있어야 한다. - 김미선(명지외고)
- 자신의 목표 설정이 중요하다. 그리고 목표를 이루고 최고가 되기 위해, 많은 노력이 필요하다. - 민서연(가명, 과천여고)
- 실전을 연습처럼, 연습을 실전처럼 해야 한다. 문제를 풀 수 있다는 것이 중요한

게 아니라, 시간 안에 풀 수 있어야 한다. 더구나 수능 때는 긴장감이 더해서 실력 발휘가 어렵다. 나의 경우 실제 시간의 80% 시간을 두고 문제 푸는 연습을 했다. 또 휴일에는 모의고사를 푸는 연습을 했다. 이 연습은 시험에 대한 긴장감을 줄이는 데 도움이 된다.   – 박주현(광주 동신고 졸업, 서울대 진학)

● 공부가 죽어도 하기 싫을 땐 차라리 노는 게 낫다. 나는 공부하고 싶을 때 공부했다. 하지만 제어가 필요하다. 선을 그어놓고 놀아야 한다.
         – 서동준(포항제철고 졸업, 서울대 진학)

● 모의고사나 내신에서의 실패를 피할 수 없다. 그러나 실패를 너무 겁내지 않았으면 한다.   –신기창(대원외고 졸업, 서울대 진학)

● 고등학교 1, 2학년 때는 공부를 열심히 하라는 얘기가 가슴에 와 닿지 않는다. 철이 빨리 들어야 공부를 잘 할 수 있는 것 같다.   – 유제현(서초고 졸업, KAIST 진학)

● '스스로 돕는 자를 돕는다'는 말이 있다. 스스로 하려는 의지를 갖고 소신 있게 공부하기 바란다. 자신의 취약점을 고칠 수 있는 방법을 빨리 찾고, 부진한 과목에 맞서는 용기가 필요하다.   – 윤소윤(숙명여고 졸업, 서울대 진학)

● 공부에는 왕도가 없다. 꾸준히 공부하는 게 최고다.   – 장남(잠실고)

● 공부가 힘든 만큼 나중에는 해방감도 크게 느낀다. 고등학교 1학년 전에는 다양한 경험을 해보기 바란다. 무엇보다 공부의 필요성을 스스로 깨달아야 한다.
         – 최정윤(서현고)

한국의 공부벌레들

지은이 | 와이즈멘토
펴낸이 | 김경태
펴낸곳 | 한국경제신문 한경BP

제1판 1쇄 발행 | 2005년 9월 5일
제1판 14쇄 발행 | 2013년 10월 25일

주소 | 서울특별시 중구 중림동 441
기획출판팀 | 3604-553~6
영업마케팅팀 | 3604-595, 555 FAX | 3604-599
홈페이지 | http://bp.hankyung.com
전자우편 | bp@hankyung.com
등록 | 제 2-315(1967. 5. 15)

ISBN 89-475-2535-9
값 13,000원